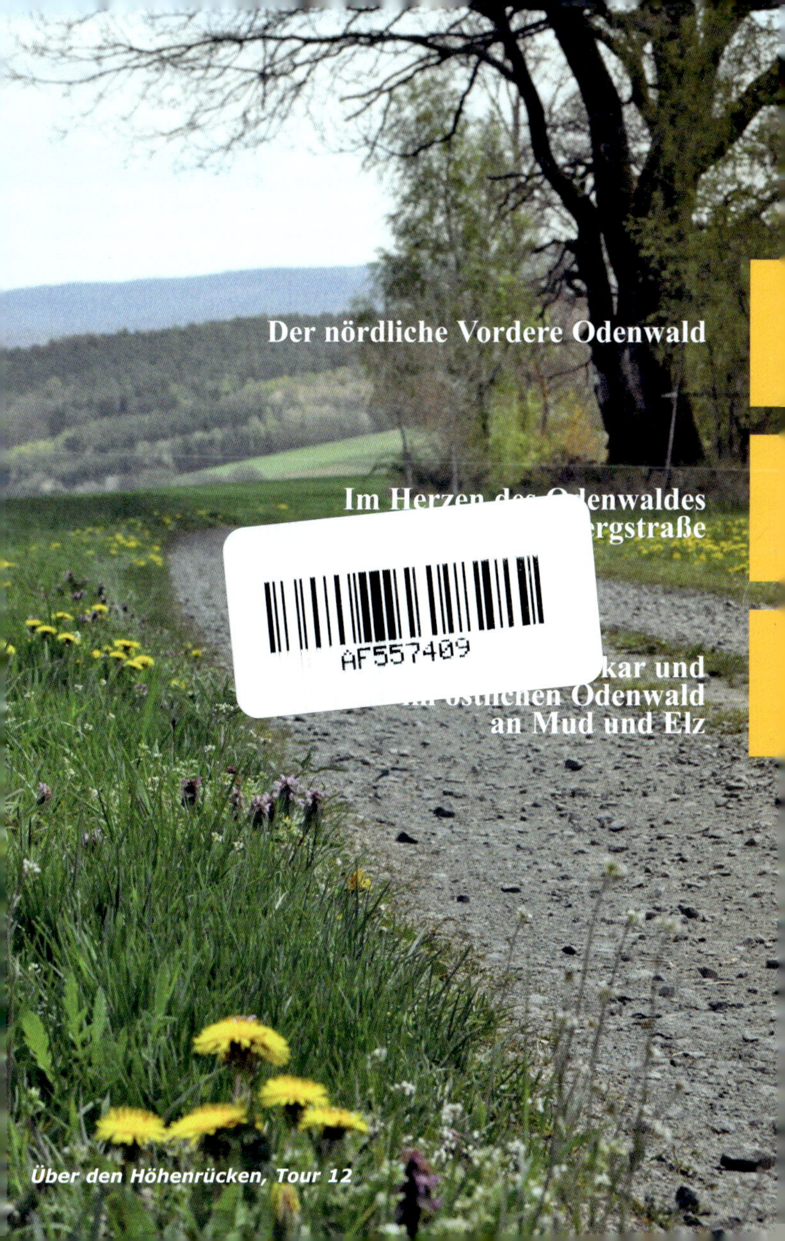
Der nördliche Vordere Odenwald
Im Herzen
an Mud und Elz
AF557409
Über den Höhenrücken, Tour 12

Odenwald

Alle Informationen, schriftlich und zeichnerisch, wurden nach bestem Wissen zusammengestellt und überprüft. Sie waren korrekt zum Zeitpunkt der Recherche. Eine Garantie für den Inhalt, z. B. die immerwährende Richtigkeit von Preisen, Adressen, Telefon- und Faxnummern sowie Internetadressen, Zeit- und sonstigen Angaben, kann naturgemäß von Verlag und Autorin – auch im Sinne der Produkthaftung – nicht übernommen werden.

Die Autorin und der Verlag sind für Lesertipps und Verbesserungen (besonders per E-Mail) unter Angabe der Auflagen- und Seitennummer dankbar.

Dieses OutdoorHandbuch hat 160 Seiten mit 54 farbigen Abbildungen, 26 farbigen Kartenskizzen im Maßstab 1:25.000, 1:50.000 und 1:75.000 sowie 24 farbigen Höhenprofilen und einer farbigen, ausklappbaren Übersichtskarte. Es wurde auf chlorfrei gebleichtem Papier gedruckt, in Deutschland klimaneutral hergestellt und transportiert und wegen der größeren Strapazierfähigkeit mit PUR-Kleber gebunden.

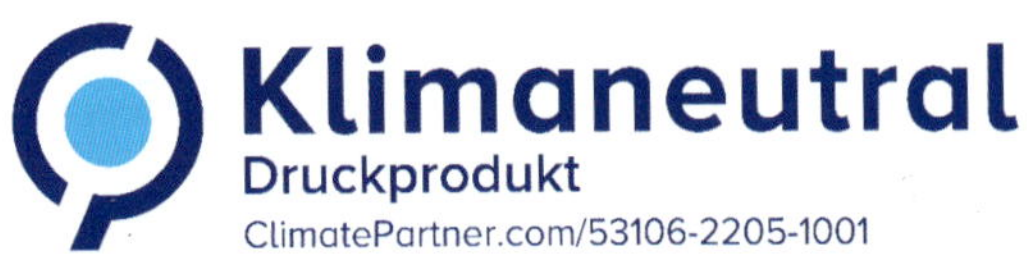

Dieses Buch ist im Buchhandel und in Outdoor-Läden erhältlich und kann im Internet oder direkt beim Verlag bestellt werden.

OutdoorHandbuch Band 469

ISBN 978-3-86686-677-5 1. Auflage 2022

Text und Fotos: Ulrike Gaube
Karten: Manuela Dastig
Lektorat: Anna-Lena Ebner
Layout: Alexandra Sauerland

Gesamtherstellung: AZ Druck und Datentechnik GmbH, Kempten

Dieses OutdoorHandbuch wurde konzipiert und redaktionell erstellt vom:

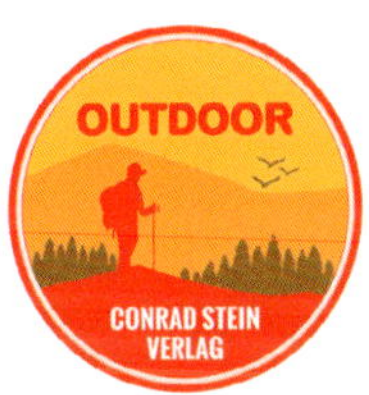

Conrad Stein Verlag GmbH, Kiefernstr. 6, 59514 Welver,
☏ 023 84/96 39 12,
info@conrad-stein-verlag.de,
www.conrad-stein-verlag.de

Besuchen Sie uns bei Facebook & Instagram:

 www.facebook.com/outdoorverlag

 www.instagram.com/outdoorverlag

Titelfoto: Neunkirchen, Tour 9

Inhalt

Odenwald

Der Odenwald ist ein Mittelgebirge mit Ausblicken in die Oberrheinische Tiefebene und auf die Skyline von Frankfurt. Der überwiegende Teil des Odenwaldes befindet sich in Hessen. Teile reichen aber auch bis nach Bayern und Baden-Württemberg.

Der Odenwald öffnet sich zur Rheinebene im Westen. Die Hänge sind als Bergstraße mit ihrem südländischen Flair und als Weinanbaugebiet bekannt. Im Norden zeichnet sich die Grenze weniger klar ab und verläuft in Höhe von Darmstadt Richtung Osten bis an den Main. An der Ostseite führt der Main entlang und trennt den Odenwald zum Spessart. Im Süden wird der Odenwald naturräumlich durch den Neckar begrenzt, wobei der anschließende Kleine Odenwald geografisch noch zum Mittelgebirge Odenwald dazugehört.

Dieser Wanderführer beschränkt sich auf den Naturraum Odenwald nördlich des Neckars mit dem Geo-Naturpark Bergstraße-Odenwald. Der Begriff „Geo-Naturpark" deutet auf das reichhaltige und bedeutende geologische Erbe hin. Er liegt zwischen den Städten Darmstadt in Südhessen, Heidelberg im nördlichen Baden und Miltenberg in Unterfranken in Bayern.

Bekannt ist der Odenwald für seine Vielzahl an sagenumwobenen Burgen und Schlössern. Fast jede Wanderung kann mit einer Burg- oder Schlossbesichtigung verbunden werden. Die bekannteste Sage ist das Nibelungenlied. Der Odenwald ist darin ein entscheidender Handlungsort, denn hier wird Siegfried an einer Quelle ermordet. Ein genauer Ort ist nicht überliefert. So bleibt ungewiss, wo sich der „Siegfriedbrunnen" befindet, und Sie dürfen sich auf die Suche nach ihm begeben.

Der Odenwald überzeugt mit vielfältige Wandermöglichkeiten auf einem 10.000 km umfassenden Streckennetz und mehreren ausgezeichneten Qualitätswanderwegen. Es ist eine waldreiche Gegend. Der Wald wechselt sich mit kleinen Ortschaften, historischen Altstädtchen und Weideflächen sowie Feldern ab. Häufig öffnet sich der Blick über die sanfte Hügellandschaft.

Mit 24 Tagestouren liefert der Wanderführer die Grundlage für die Erkundung dieser wunderschönen Region und wird sicherlich Lust auf weitere Wanderungen machen. Alle beschriebenen Touren sind mit dem öffentlichen Nahverkehr erreichbar. Einzelne Touren sind aufgrund ihrer Länge und den Angeboten am Wegesrand besonders für Familien geeignet, aber auch sportliche Wanderinnen und Wanderer findet Touren mit bis zu 1.000 Höhenmetern. Zudem finden sich Hinweise für das Wandern mit Buggy und mit Hund. Bei vielen Touren gibt es Variationsmöglichkeiten. Dies ermöglichen Ihnen, die Wanderung an Ihre eigenen Bedürfnisse und die Tagesform anzupassen. Regelmäßig wird auf Einkehrmöglichkeiten mit regionaler Küche sowie Läden mit Produkten aus der örtlichen Landwirtschaft hingewiesen.

Natürlich gibt es Wanderungen zu den Klassikern wie dem Felsenmeer, auf den Melibokus oder nach Bad König mit seinen Thermen. Aber es finden sich auch eher unbekannte und neue Wege, wie die Wanderung durch die Märchenschlucht bei Höchst oder auf dem Drachenweg in Mossautal. Ich bin überzeugt, dass Sie fündig werden und wie ich immer wieder gerne in den Odenwald fahren und diesen erkunden werden. Umgeben von Metropolregionen mit ihrer Dichte und Hektik bietet der Odenwald die Ruhe und Natur mit einer Vielzahl an Zielen und Attraktionen für die perfekte Auszeit.

Reise-Infos

Anreise

Der Odenwald liegt zentral in Deutschland unmittelbar südlich des Rhein-Main-Gebietes und östlich des Metropolraums Rhein-Neckar. Er ist somit sehr gut zu erreichen. Auch die innere Erschließung ist gut, wenn auch weniger dicht und in einer für den ländlich Raum charakteristischen Qualität.

Die Autobahn A5 führt von Frankfurt nach Heidelberg parallel zur Westkante des Odenwaldes an der Bergstraße entlang. Im Norden verläuft die A3, im Süden die A6 sowie im Südosten die A81. In das Innere des Odenwaldes gelangen Sie über Bundes- und Landesstraßen.

Mit dem Fernverkehr reisen Sie überwiegend über Frankfurt am Main an und fahren dann weiter mit dem Regionalverkehr in der Rheinebene, entlang der Bergstraße Richtung Süden, oder mit der Odenwaldbahn Richtung Erbach. Einzelne Touren erreichen Sie mit der Bahn am Main entlang Richtung Miltenberg und ggf. weiter mit der Westfrankenbahn ins Innere des bayerischen Odenwaldes. Aus Süden kommend bietet sich die Anreise über Heidelberg an. Die südlichen Touren erreichen Sie über die Bahn von Heidelberg am Neckar entlang.

Standorte und Unterkünfte

Der Odenwald bietet vielfältige Übernachtungsmöglichkeiten vom Bauernhof bis zum Wellnesshotel an. Als Standorte eignen sich sowohl die beschaulichen Orte entlang der Bergstraße wie auch die kleineren Ortschaften im Inneren des Odenwaldes selbst.

Als Bezugspunkte werden die Anreise von Frankfurt, Darmstadt, Heidelberg oder Miltenberg angegeben. Eine Auswahl an Unterkünften finden Sie hier:

- Odenwald Tourismus GmbH, ☏ 060 61/96 59 70, info@tourismus-odenwald.de, bergstrasse-odenwald.de
- ♦ Touristikgemeinschaft Odenwald, ☏ 062 61/84-13 90, info@tg-odenwald.de, tg-odenwald.de
- ♦ lokale Datenbank zu Hotels und Gaststätten: odenwald-tourismus.de

Insbesondere entlang der Qualitätswanderwege gibt es auch Unterkunftsangebote mit Gepäcktransport, Wandermaterial und vielem mehr.

Verkehrsmittel

Der Odenwald verfügt über ein gutes Netz an öffentlichen Verkehrsmitteln. Zwischen Groß-Umstadt und Erbach im Herzen des Odenwaldes verkehrt die Odenwaldbahn in Nord-Süd-Richtung. Es gibt eine Verlängerung bis an den Neckar nach Eberbach. Parallel dazu in der Rheinebene im Westen bzw. am Main entlang im Osten fahren verschiedene Linien des Regionalverkehrs. Im Süden am Neckar besteht eine Anbindung mit dem schienengebundenen Nah- und Regionalverkehr. Im Osten besteht keine durchgehende Verbindung. Es muss von Miltenberg nach Mosbach (Baden) in Walldürn und Seckach der Zug gewechselt werden.

Dazwischen, die Täler miteinander verbindend und die verschiedenen Höhenrücken querend, verkehren Buslinien. Eine Vielzahl von auch kleinen Ortschaften ist darüber sehr gut erreichbar. Teilweise handelt es sich um Rufbusse. Dies ist entsprechend vermerkt. Alternativ kann auch eine Kombination von Bahn und Rad zum gewünschten Ausgangsort in Betracht kommen.

Die zuständigen Verkehrsverbünde sind der Rhein-Main-Verkehrsverbund (☏ 069/24 24 80 24, rmv.de) und der Verkehrsverbund Rhein-Neckar (☏ 06 21/107 70 77, vrn.de) in Verbindung mit der Odenwald-Regional-Gesellschaft (OREG) mbH (☏ 060 61/97 99-88, odenwaldmobil.de) sowie im östlichen Teil des Odenwaldes die Verkehrsgemeinschaft am Bayerischen Untermain (☏ 060 21/150 66 66, vab-info.de).

☺ Im VAB-Tarifgebiet gibt es an Sonn- und Feiertagen das Tagesticket Auf Achse für € 5. Dieses gilt auch in den Sommerferien.

Die Taktung der Verkehrsmittel ist im Wesentlichen auf den Berufsverkehr zum Bildungs- und Arbeitsort ausgerichtet. In den Sommerferien und an den Wochenenden ist sie daher etwas geringer.

Klima und Reisezeit

Die Touren können ganzjährig gegangen werden. An Wochenenden und Feiertagen ist mit vielen Gästen, insbesondere an beliebten Ausflugszielen wie beispielsweise dem Felsenmeer, zu rechnen. Aber im Inneren des Odenwaldes sind Sie häufig auf sehr einsamen Wegen unterwegs und stundenlang begegnet Ihnen fast niemand. In der Nebensaison sind Ausflugslokale gegebenenfalls nur eingeschränkt geöffnet. Bedenken Sie vor allem, dass Sie in der kalten Jahreszeit bei Pausen schnell auskühlen und mehr Energie benötigen als an warmen Tagen. Insbesondere bei Schnee läuft es sich zudem deutlich schlechter und Sie sollten die Touren kürzer wählen.

Wanderinfrastruktur

Im Odenwald gibt es ein dichtes Netz von Wanderwegen. Es lassen sich leichte und anspruchsvolle Touren erwandern. Als Markierungen gibt es beispielsweise gelbe Ziffern in gelber Kreislinie für Rundwege und mit einem gelben V für Verbindungswege. Die Markierungen befinden sich häufig an den Stämmen der Bäume.

Der Verein Odenwaldklub unterhält zudem ein dichtes Wegenetz von 6.000 km Länge mit unter anderem vier Qualitätswanderwegen, welche als solche zertifiziert wurden, und gut 50 Hauptwanderwegen. Letztere sind nummeriert – in Ost-West-Richtung mit geraden Zahlen und in Nord-Süd-Richtungen mit ungeraden Zahlen. Für die Wege mit 30 bis 200 km Länge stehen Wegbeschreibungen und GPX-Tracks online (💻 odenwaldklub.de/wanderwege) zur Verfügung.

Die in diesem Wanderführer enthaltenen Touren stellen die Qualitätswanderwege Burgensteig, Alemannenweg, Nibelungenweg und Neckarsteig vor und nutzen in Teilen die Hauptwanderwege.

Zusätzlich führen europäische Fernwanderwege wie der E1 vom Nordkap in Norwegen nach Salerno in Italien und der E8 von Irland nach Istanbul in der Türkei durch den Odenwald.

Alle vorgeschlagenen Touren sind so ausgelegt, dass sie mit dem öffentlichen Personennahverkehr erreicht werden können. Daher beginnen sie in der Regel in den Ortschaften auf befestigten Wegen. Auch sonst sind die Wege häufig befestigt. Es empfehlen sich daher entsprechende Schuhe mit einer weichen Sohle. Regelmäßig werden Variationsmöglichkeiten für die Wanderungen angegeben, um eine weitere Attraktion zu erreichen, die Strecke zu verkürzen oder vorzeitig an den Nahverkehr zu kommen.

Der Odenwald weist eine Vielzahl von kleinen Ortschaften auf. Hier finden sich Möglichkeiten, lokale Produkte zu erwerben und sich für die Wanderung zu versorgen, und es gibt eine Vielzahl von Einkehrmöglichkeiten. So kann es sich lohnen, eine Tour mehrfach zu gehen, die Variationsmöglichkeiten zu nutzen und eine weitere Einkehrmöglichkeit auszuprobieren. Sollte der Ruhetag auf einen Feiertag fallen, ist meist trotzdem geöffnet. Beachten Sie jedoch die möglicherweise weiterhin bestehenden Einschränkungen durch die Coronapandemie und prüfen bitte insbesondere die aktuellen Öffnungszeiten vorab. Zudem ist zu beachten, dass Ausflugslokale häufig unter der Woche nur eingeschränkt, wenn überhaupt, geöffnet haben. Gelegentlich kann es Ihnen passieren, dass nur Bargeld akzeptiert wird. Alternativ gibt es wunderschöne Rastplätze, die zu Verweilen einladen.

Wandern mit Kindern und Buggy

Der Odenwald mit seiner reichen Historie und seinen Märchen und Sagen eignet sich perfekt für das Wandern mit Kindern. Es gibt viele Gelegenheiten, in die Geschichte und Geschichten einzutauchen, den Märchenwald zu erwandern und eine der vielen sagenumwobenen Burgen zu erkunden. Zudem finden Sie bei den einzelnen Wanderbeschreibungen Hinweise auf Spielmöglichkeiten und Angebote, die sich an Kinder richten.

Einzelne Wege sind so ausgebaut, dass sie mit dem Buggy befahren werden können. Immer wieder gibt es Streckenabschnitte, die asphaltiert sind. Hinweise hierzu finden sich bei den einzelnen Wanderungen.

Wandern mit Hund

Im Odenwald finden sich auch eine Vielzahl an Wanderungen, die mit Hunden Spaß machen, und so begegnen einem oft Vierbeiner. Insbesondere die einsamen Touren im Inneren des Odenwaldes eigenen sich hierfür gut. Einschränkungen bei den im Wanderführer beschriebenen Touren ergeben sich aufgrund der Beschaffenheit der Wege, wenn diese überwiegen über sehr harte Oberflächen führen. Zudem finden sich Hinweise auf beliebte Ausflugsziele oder Wanderungen, bei den mit vielen Gästen zu rechnen ist.

Bitte achten Sie in der Schonzeit von März bis Juni besonders darauf, dass Ihr Hund die Wildtiere nicht beeinträchtigt. In der Nähe von Weidevieh versteht es sich von selbst, dass Sie den Hund anleinen sollten.

Weitere allgemeine Hinweise finden Sie auch bei meiner Kollegin Andrea Preschl (auf 💻 trekking-dogs.de), die zudem geführte Touren in der Rhein-Main-Region und so auch im Odenwald anbietet.

Kartenempfehlungen und GPS

Für den Odenwald gibt es mehrere Wanderkarten. Für die hier beschriebenen Wanderungen benötigen Sie diese nicht. Für weitere Erkundungen sind sie sicher hilfreich. Einen guten Überblick bekommen Sie mit der Doppelkarte von Kompass (1:50.000). Wer einen detaillierteren Maßstab möchte, dem seien die Karten des Verlages MeKi Landkarten empfohlen. Hier gibt es allerdings gut 20 Karten, um den Odenwald mit all seinen Ausläufern abzudecken. Anbei sind beispielhaft nur zwei in zentraler Lage aufgelistet.

- Kompass Karte 827: Bergstraße-Odenwald – Neckartal (1:50.000)
- MeKi Landkarten: 5 Bergstraße-Odenwald (1:20.000)
- MeKi Landkarten: 6 Mittlerer Odenwald (1:20.000)

☺ Die Kartenempfehlungen wurden von der Geobuchhandlung Kiel überprüft. 💻 www.geobuchhandlung.de

Zu allen beschriebenen Wanderungen liegen **GPS-Daten** vor, die Sie auf der Internetseite des Verlages herunterladen können (💻 conrad-stein-verlag.de).

📖 Tipps zum Umgang mit dem GPS-Gerät finden Sie in dem Ratgeber „**GPS** – Grundlagen · Tourenplanung · Navigation“ von Michael Hennemann, Conrad Stein Verlag, ISBN 978-3-86686-495-5, € 9,90.

☺ Weitere Anregungen für Wanderungen inklusive Kartenmaterial und GPS-Daten finden Sie auf der Seite der Odenwald Tourismus GmbH (💻 bergstrasse-odenwald.de) sowie beim Odenwälder Wanderverein (💻 odenwaldklub.de).

Updates

Der Conrad Stein Verlag veröffentlicht Updates zu diesem Wanderführer, die direkt von der Autorin oder von Leserinnen und Lesern des Buches stammen. Sie finden diese auf der Verlagshomepage 💻 conrad-stein-verlag.de.

Der abgebildete QR-Code führt Sie direkt dorthin.

☺ Eine **Übersichtskarte** des Weges, **Autorenprofil** sowie eine Liste aller verwendeten **Symbole** in diesem Buch finden Sie auf den vorderen und hinteren Umschlagseiten bzw. -klappen.

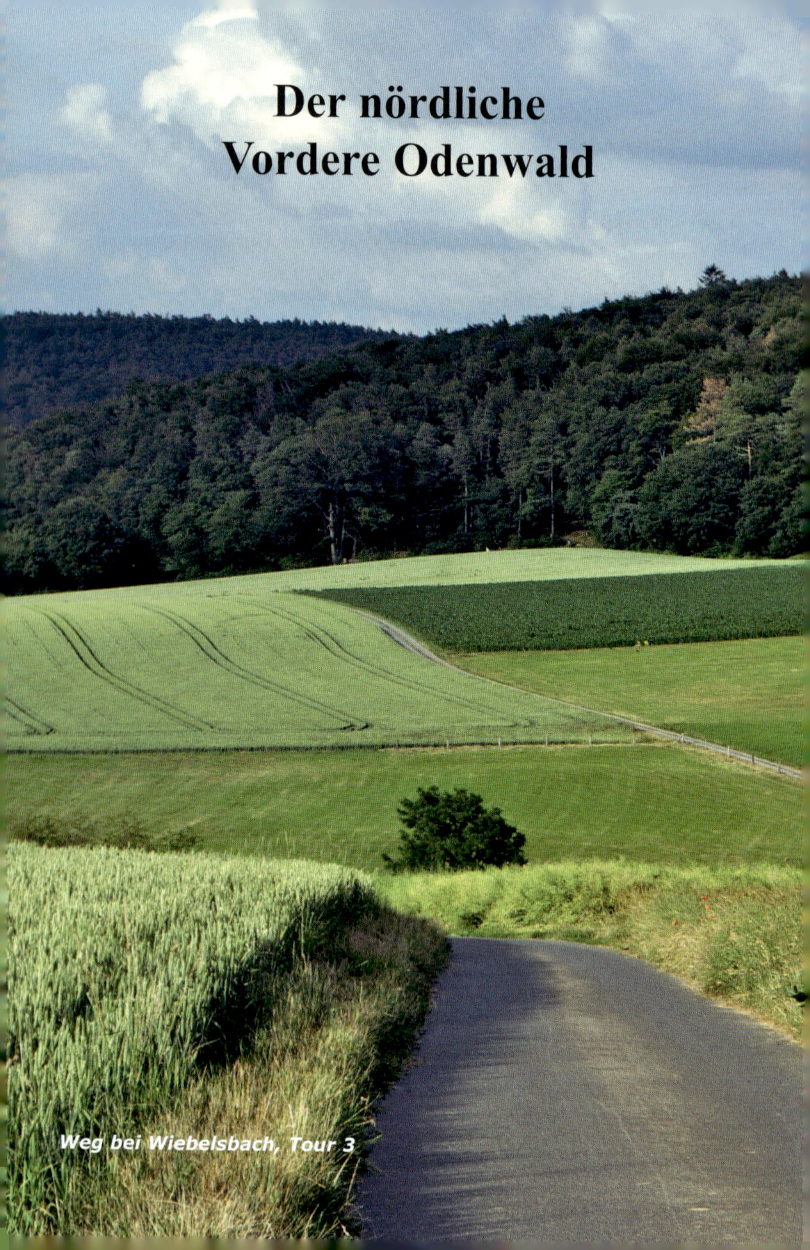

Weg bei Wiebelsbach, Tour 3

1 Auf dem Alemannenweg über die Burg Frankenstein nach Ernsthofen

Tour für Streckenwanderinnen und -wanderer

Von Malchen steigen Sie zur Burg Frankenstein, einer der bekanntesten Burgen der Region, auf und treffen dort auf den Alemannenweg, der Sie nach Osten in das Innere des Odenwaldes und seine Einsamkeit bis nach Ernsthofen führt. Bei der hier beschriebenen Tour handelt es sich um einen Ausschnitt aus der 5. Etappe des Alemannenweges.

→ Start: Seeheim-Jugendheim, Straßenbahnhaltestelle „Seeheim-Jugendheim-Malchen", GPS N 49°47.429' E 008°38.934', Ziel: Ernsthofen, Bushaltestelle „Modautal-Ernshofen Schorsch-Schellhaas-Weg", GPS N 49°46.467' E 008°44.624'

13,7 km

ca. 3 Std. 30 Min.

↑↓ 637 m/477 m

⇧ 62-387 m

zwei grüne Balken auf weißem Grund und ab der Burg Frankenstein auf dem Alemannenweg mit rotem A auf weißem Grund

Der Weg führt überwiegend über Forstwege und breite Wanderwege.

Kiosk und Restaurant Burg Frankenstein (km 2,8), Gasthof Ernsthofen (km 13,7)

Laden Ernsthofen (km13,7)

Bank am Waldrand (km 0,9), am Spielplatz (km 4), Bank bei Neutsch (km 9,5), Bank mit Blick über den Odenwald (km 10,2), Bank mit Aussicht (km 11,1), Bank im Wald (km 11,3), überdachter Rastplatz (km 11,9)

Während es auf den ersten Kilometern sehr viele Attraktionen für Kinder gibt (Burg, Waldlehrpfad und Spielplatz), gibt es später keine speziellen Angebote mehr.

In direkter Nähe zur Burg Frankenstein gibt es einige Stellen auf schmalen Pfaden. Ansonsten ist es eine wunderbare Tour, die sich gut mit dem Buggy laufen lässt.

Eine schöne Tour mit überwiegend unbefestigten Wegen. Im Umfeld der Burg Frankenstein kann es sehr voll werden.

Anfahrt: Straßenbahn 6 und 8 zwischen Darmstadt und Alsbach zur Haltestelle „Seeheim-Jugendheim-Malchen", alle 20 Min., am Wochenende alle 30 Min.

Rückfahrt: Von der Haltestelle „Modautal-Ernshofen Schorsch-Schellhaas-Weg" mit dem Bus O nach Ober-Ramstadt alle 60 Min. Von dort können Sie stündlich mit dem RE Richtung Darmstadt oder Frankfurt weiterfahren.

P Sie können das Auto sowohl am Start, Parkplatz am Friedhof westlich der Straßenbahnhaltestelle, als auch am Ziel in der Darmstädter Straße abstellen. Die Strecke dazwischen dauert mit dem Nahverkehr eine gute Stunde über Darmstadt-Böllenfalltor (Bus O zum Böllenfalltor dann Tram 9 zum Luisenplatz und weiter mit der Tram 8) oder Darmstadt-Eberstadt (Bus O bis Nieder-Ramstadt Bahnhof, dort in den Bus NE nach Eberstadt und weiter mit der Tram 8).

Der Alemannenweg ist als Rundweg durch den Vorderen Odenwald konzipiert. Sie werden ihm bei weiteren Touren ein Stück folgen oder ihn queren. Es handelt sich um einen Qualitätswanderweg. Kriterien für die Auszeichnung waren ein hoher Anteil an naturbelassenen Wegen, eine nutzerfreundliche Markierung, eine abwechslungsreiche Landschaft und ein hohes Erlebnispotential mit einer Vielzahl an kulturhistorischen Sehenswürdigkeiten. Auf einer Länge von 144 km führt er über 4.300 Höhenmeter und ist in sieben Etappen mit 19 bis 24 km unterteilt. Weitere Informationen finden Sie unter alemannenweg.de.

☺ Für den gesamten Weg gibt es Serviceangebote wie Wanderpauschalen und Wandern ohne Gepäck. Seit Oktober 2021 gibt es einen digitalen Wanderpass mit 21 Stationen. Bei Einlösen der Punkte erhalten Sie eine Urkunde und köstliche Odenwälder Spezialitäten (alemannenweg.de/digitaler-wanderpass).

Auf der Frankensteiner Straße führt der Weg durch den Ortsteil Malchen. Bis zur Burg Frankenstein folgen Sie der Markierung zwei grüne Balken auf weißem Grund. Sie kommen an der Dorflinde vorbei. An der nächsten Kreuzung geht es nach links. In einer großen Rechtskurve führt der Weg hinauf Richtung Burg Frankenstein. Bei den letzten Häusern haben Sie schon Aussicht in die Rheinebene. Am Waldrand gibt es eine Bank (km 0,9), von welcher Sie den Ausblick genießen können.

An der nächsten Gabelung hinter der Bank folgen Sie dem Forstweg rechts hoch. Dieser führt Sie bis zur Fahrstraße, die Sie queren, und Sie folgen dem Weg halb links weiter durch den Wald hinauf im großen Rechtsbogen. Es geht weiter leicht bergauf. An der nächsten Kreuzung geht es geradeaus.

Es queren zwei Wege, die von Mountainbikerinnen und Mountainbikern zum Downhillfahren verwendet werden, den Weg. Diese sind sehr schnell unterwegs. Hunde daher bitte an die Leine und Kinder am besten an die Hand nehmen.

Es folgt eine Kreuzung mit vielen Wegoptionen. Der Weg führt geradeaus, den etwas kleineren Pfad bergauf, um direkt zur Burg zu gelangen.

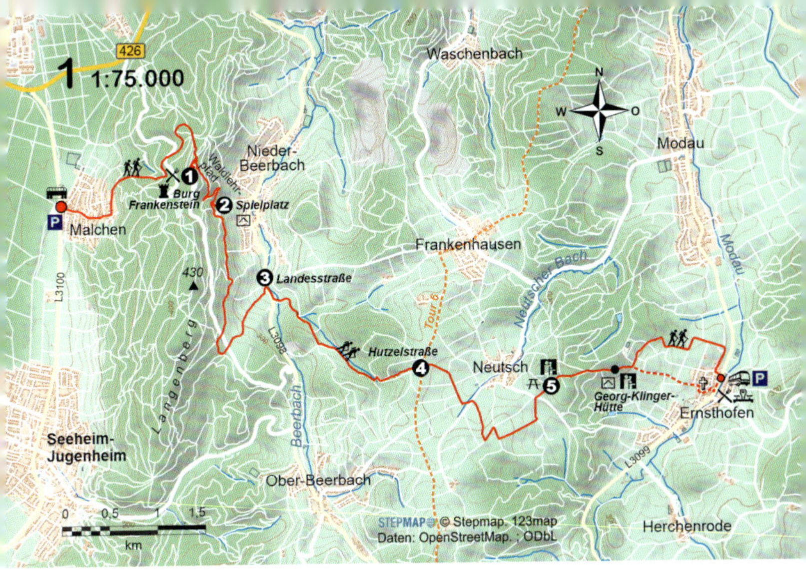

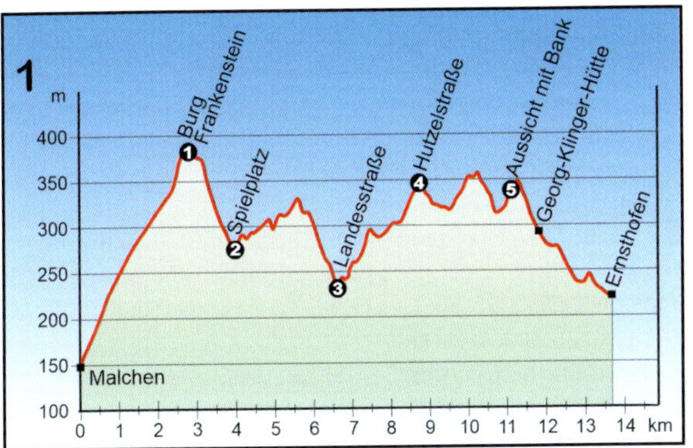

Auch hier kommen Ihnen gegebenenfalls Mountainbikerinnen und Mountainbiker entgegen.

Als Nächstes biegt der Weg links in einen schmaleren Pfad ein. Sie treffen auf den Alemannenweg und laufen rechts um die Burg herum, um zum Eingang zu kommen. Links um die Burg wollen Sie später. Zunächst sehen Sie den Anbau des Restaurants aus den 1960er-Jahren.

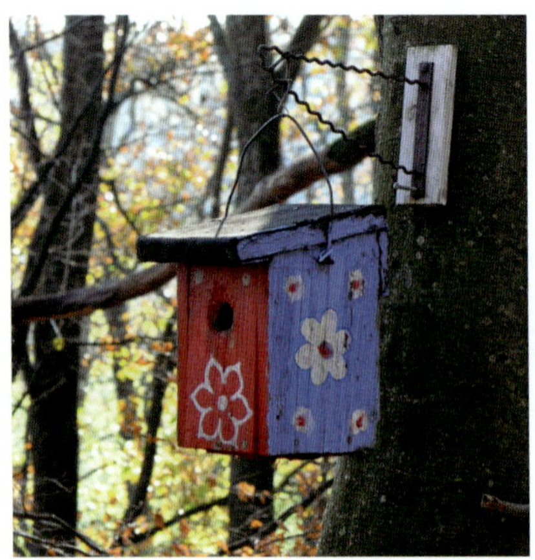
Bunte Vogelkästen am Wegesrand

Sie laufen durch einen kleinen Kräutergarten, der zu einem Walderlebnispfad gehört. Zu weiteren Stationen kommen Sie nach der Besichtigung der Burg. Sie treffen auf den Hauptweg zur Burg, die sich links von Ihnen befindet. Sie betreten den Burghof der **Burg Frankenstein ❶** (km 2,8).

Im Burghof gibt es einen Kiosk und öffentliche Toiletten. Es gibt ein Restaurant mit Panoramafenstern und Terrasse Richtung Rheinebene. Die Burganlage befindet sich rechts von Ihnen.

Kiosk Burg Frankenstein, 64367 Mühltal, Mo-Fr 13:00-17:00, Sa-So 10:00-17:00, Sie erhalten Getränke und kleine Stärkungen.

Restaurant Burg Frankenstein, 64367 Mühltal, 061 51/50 15 01, mail@burg-frankenstein.de, frankenstein-restaurant.de, Mo-Fr 17:00-22:00, Sa-So 12:00-22:00

Die Burg Frankenstein wurde bereits im 13. Jahrhundert errichtet und im 16. Jahrhundert zu der noch heute erlebbaren Burganlage ausgebaut. Im Burgvorhof befindet sich eine Kapelle aus dem 15. Jahrhundert, die heute für Trauungen genutzt wird. Ende der 1960er-Jahre wurde das Gebäude des Restaurants errichtet. Die Burg Frankenstein ist die nördlichste Burg am Westhang des Odenwalds mit Blick Richtung Rheinebene. Sie ist ein beliebtes Wander- und Ausflugsziel. Es finden regelmäßig Veranstaltungen statt. Die bekannteste ist die alljährliche Halloweenparty.

Mo-So 11:00-22:00

Zunächst geht es zurück rechts um die Burg herum, um auf die Ostseite der Vorburg zu gelangen. Sollte das östliche Tor geöffnet sein, können Sie selbstverständlich auch dieses nutzen. Dann geht es leicht bergab auf dem Alemannenweg. Geradeaus bzw. links von Ihnen schimmern die Gebäude von Nieder-Beerbach durch.

Es begleiten Sie Stationen des Waldlehrpfades wie beispielsweise das Eichhörnchentelefon.

Am Eichhörnchentelefon geht es nach rechts. Es folgt eine scharfe Linkskurve. Am Holzxylophon gehen Sie nach rechts. Sie treffen auf eine Straße, auf der gelegentlich Autos fahren. Gegenüber befindet sich ein Spielplatz ❷ (km 4) für größere Kinder mit dahinterliegender Grillhütte.

Vom Spielplatz kommend führt der Weg links den Hang wieder leicht bergauf. Sie laufen auf ein Gartentor zu und biegen davor links ab. Bei nächster Gelegenheit geht es wieder rechts leicht bergauf. Sie treten aus dem Wald und haben einen schönen Blick über die Weiden. Als Nächstes queren Sie eine Straße. Um nicht auf dieser entlangzulaufen, führt der Weg geradeaus wieder in den Wald. Nach wenigen Metern geht es nach links, dann wieder links zur Straße und über diese hinweg. Auf einem schönen Hohlweg mit altem Baumbestand geht es nun leicht bergab bis zu einer Landesstraße ❸ (km 6,6), der Sie einige Meter nach rechts folgen. Vor der nächsten Rechtskurve geht der Weg wieder links ab. An der nächsten Gabelung halten Sie sich rechts und an der nächsten Kreuzung mit einer Eiche geht es nach links.

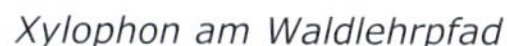

Xylophon am Waldlehrpfad

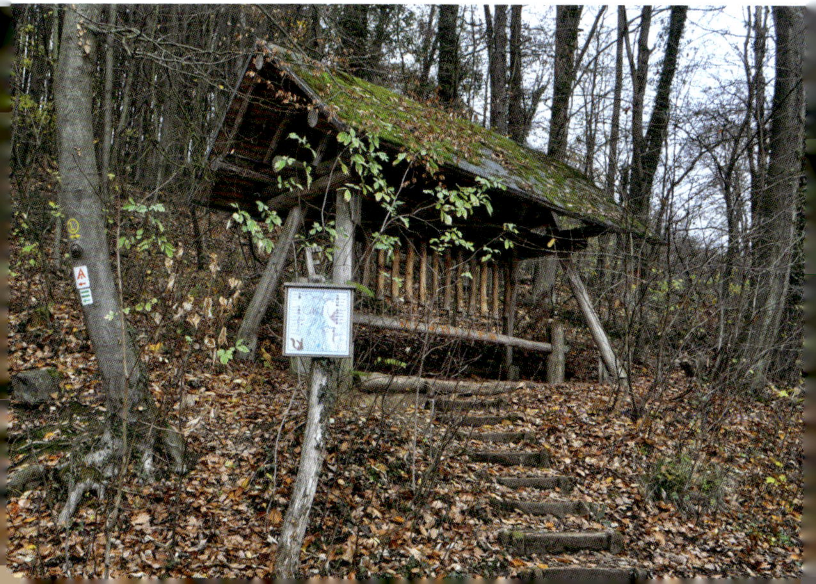

 An einer unscheinbaren Stelle geht der Weg links ab.

Sie queren einen Bachlauf und kommen auf einen Forstweg, den Sie nach rechts laufen. Geradeaus gelangen Sie zur **Hutzelstraße** ❹ (km 8,8) auf den Höhenrücken, den der E1 entlangführt. Diese queren Sie. Der Weg führt wenige Meter weiter links in Richtung der Häuseransammlung Neutsch. Sie treffen auf eine kleine Straße, der Sie nach links folgen. Noch bevor Sie den Ort erreichen, steht rechts eine Bank (km 9,5) und der Weg führt wieder die Weiden hinauf. Nach einem leichten Anstieg treffen Sie auf eine geschotterte Straße. Auf dieser geht es nach links. An der nächsten Kreuzung führt der Weg nach rechts und an der Bank (km 10,2) mit Blick über den Vorderen Odenwald gleich wieder links. Mit schönem Blick geht es leicht bergab. Sie treffen auf einen Weg, dem Sie nach links folgen. Sie queren eine Straße. Der Weg führt halb rechts weiter, wieder leicht bergan in den Wald. Sie kommen an einer Bank ❺ (km 11,1) mit schönem Ausblick vorbei.

Der Weg führt weiter geradeaus, ebenso an der nächsten Kreuzung. Sie laufen im Wald auf eine Bank (km 11,3) zu. Der Weg führt rechts davon weiter. Nun haben Sie Sicht auf **Ernsthofen**. Linker Hand befindet sich mit der Georg-Klinger-Hütte ein überdachter Rastplatz (km 11,9). Kurz darauf ist der Alemannenweg nach links ausgeschildert und führt im Bogen um den Ort herum.

Alternativ können Sie geradeaus in den Ort laufen. Dann kommen Sie am Schloss mit Park (in Privatbesitz, nicht zugänglich) und der Schlosskirche vorbei. Sie können an der Haltestelle „Ernsthofen Mitte" in den Bus steigen. Im südlichen Teil des Ortes befindet sich zudem ein kleiner Laden mit lokalen Produkten und Backstube sowie ein Restaurant mit Biergarten.

Der Tante-Emma-Laden, Darmstädter Straße 24, 64397 Modautal-Ernsthofen, 061 67/91 20 32, dertanteemmaladen-ernsthofen.de, Mo-Fr 6:00-12:30, 14:30-18:00, Sa 6:00-12:00

Gasthaus Zur Sonne, Darmstädter Straße 16, 64397 Modautal-Ernsthofen, 061 67/15 44, sonne-modautal.de, Mi-So 17:00-22:00, So auch 11:00-15:00

Der Weg führt am Waldrand entlang. Er knickt nach rechts und dann wieder links ab. An der nächsten beiden T-Kreuzungen geht es nach links und gleich wieder rechts. Sie kommen zu einem Friedhof, hinter dem es nach rechts in den Ort geht. Wenn von rechts die erste Straße kommt, führt links ein Fußweg zur Hauptstraße und Bushaltestelle.

❷ Zum Schloss Lichtenberg und Naturschwimmbad in Fischbachtal

Entspannte Tour für Genießerinnen und Genießer

Bei dieser wunderbaren Tour laufen Sie von Groß-Bieberau zum Schloss Lichtenberg im Fischbachtal. Unterhalb der Burg haben Sie die Möglichkeit, am Naturschwimmbad in traumhafter Lage eine Pause zu machen. Wer sich dort zu sehr auspowert und die Zeit verpasst, kann in den Bus steigen und zurückfahren.

Start/Ziel: Groß-Bieberau Bushaltestelle „Groß-Bieberau-Mitte", GPS N 49°48.001' E 008°49.705'

11,4 km

ca. 2 Std. 30 Min.

259 m/259 m

133-275 m

keine bzw. wechselnde Markierungen

Der Weg führt fast vollständig über Asphaltstraßen und feste Beläge.

Schloss Lichtenberg (km 6,3, aktuell kein Restaurantbetrieb, Stand Feb 2022), Kiosk am Campingplatz Odenwaldidyll (km 7,4), Groß-Bieberau (km 11,4)

Hofladen (km 6,1), Bäckerei (km 11)

Es finden sich reichlich Möglichkeiten für eine Rast am Wegesrand.

Naturschwimmbad (km 7,4)

Kinderfreundliche Tour, da sehr abwechslungsreich und nicht so lang. Die Kinder können das Schloss frühzeitig schon sehen und wenn die Hauptattraktion erreicht ist, sind es nur noch wenige Meter bis zum Freibad.

Die Tour lässt sich sehr gut mit dem Buggy machen.

Die Tour ist für Hunde geeignet, allerdings geht es viel über festen Belag.

Bus nach „Groß-Bieberau-Mitte" (Bus 693) alle 60 Min. oder „Groß-Bieberau-Markt" (Bus MO2/MO3) alle 120 Min. von Reinheim. Reinheim erreichen Sie mit der Odenwaldbahn von Darmstadt, Frankfurt oder Erbach.

in den Seitenstraßen bspw. im Sepp-Herberger-Weg an den Sportplätzen

bis zum Naturschwimmbad 7,5 km und mit dem Bus zurück

mit Abstecher zum Hottenbacher-Hof und zur Heuneburg 15 km

Nehmen Sie das Rad mit in die Bahn und fahren Sie von Reinheim das Fischbachtal entlang die knapp 4 km mit dem Rad bis nach Groß-Bieberau, anstatt auf den Bus angewiesen zu sein.

Sie folgen zunächst dem Bachlauf des Fischbachs, der an der Bushaltestelle „Groß-Bieberau-Mitte" von der Jahnstraße Richtung Südwesten führt. Am Ortsausgang von Groß-Bieberau queren Sie eine Landesstraße. Hinter den letzten Häusern geht es rechts den Hang hinauf. Oben auf dem Hügel ❶ (km 1,6) haben Sie einen ersten schönen Blick zum Schloss Lichtenberg. Es folgt ein Waldstück. An dessen Ende halten Sie sich halb links, um durch Rodau, einen Stadtteil von Groß-Bieberau, zu laufen. Werfen Sie einen Blick in die liebevoll dekorierten Höfe und Vorgärten.

Sie treffen erneut auf die Landesstraße, die Sie bereits am Ortsausgang von Groß-Bieberau gequert haben. Wenige Meter weiter links führt gegenüber der Weg am Bachlauf entlang weiter. Sie gelangen zum „Dorfplatz" von **Rodau** ❷ (km 3,7). Es geht Richtung Süden geradeaus aus dem Ortsteil hinaus. Am Bachlauf macht der Weg einen leichten Rechtsknick. Es geht wenige Meter hinauf.

Sie treffen auf den **Alemannenweg** ❸ (km 4,7). Diesem folgen Sie nach links, es sei denn sie wollen den Abstecher zum **Hottenbacher Hof** nach rechts machen.

➯ Der Hottenbacher Hof lädt zu einer Pause ein. Er wurde mir als „Bullerbü" empfohlen. Lassen Sie sich selbst von dem idyllischen Landleben begeistern! Der Hof ist für seine Forellenzucht bekannt. Es gibt aber auch Schweine, Rinder und Schafe, deren Produkte im Hofladen und für den Verzehr angeboten werden, und fünf eigene Pferde. Für diesen Umweg müssen Sie 3,6 km mehr gehen.

Hottenbacher Hof, 64397 Modautal/Klein-Bieberau, ☏ 061 67/445, info@hottenbacher-hof.de, hottenbacher-hof.de, Hofladen Fr 11:00-18:00, Sa 10:00-18:00, Vesperstube Feb-Mitte Nov Fr 16:00-22:00, Sa 14:00-22:00, So 11:00-21:00, coronabedingt aktuell (Stand Anfang 2022) nur Sa und So 11:00-18:00 die Außengastronomie geöffnet

Um zu dem Hof zu gelangen, folgen Sie dem Alemannenweg nach rechts. An einer Kreuzung laufen Sie geradeaus und an der folgenden T-Kreuzung biegen Sie links zum Hof ab. Von dort laufen Sie hinauf zur Heuneburg. Sie nehmen den Weg hoch zum Waldrand und laufen nach rechts an dieser entlang. An den nächsten beiden Kreuzungen gehen Sie nach links. Sie treffen auf einen Forstweg, dem Sie wenige Meter nach rechts folgen. Dann geht es nach links und Sie befinden sich auf dem in Tour 7 beschriebenen Weg. Sie kommen zur Heuneburg und laufen weiter zum Schloss Lichtenberg (☞ Tour 7, siehe Beschreibung ab ❻). An der Feuerwache treffen Sie wieder auf den ursprünglichen Weg.

Spätestens am Waldrand halten Sie sich rechts. Sie können auch schon den Weg vorher quer über das Feld nehmen. Sie gelangen zum Parkplatz Riedbusch und queren diesen nach rechts. Sie treffen erneut auf eine Landesstraße, die Sie queren. Rechts hinter der Scheune führt ein kleiner Pfad hinauf Richtung Schloss.

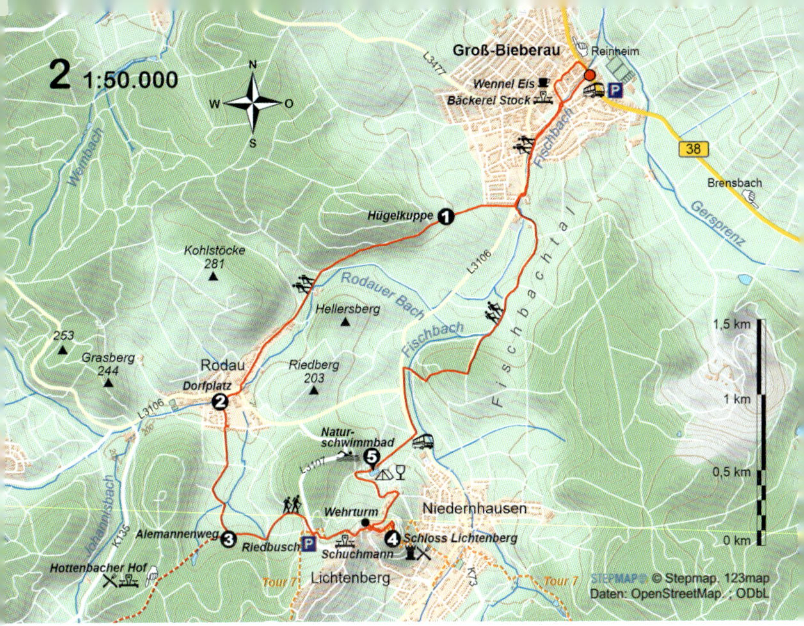

Mit dem Buggy nehmen Sie besser für ein paar Meter den Fußweg entlang der Straße nach rechts.

An der Feuerwache treffen Sie wieder auf die Landesstraße und folgen ihr wenige Meter nach links. Rechts befindet sich ein Hofladen.

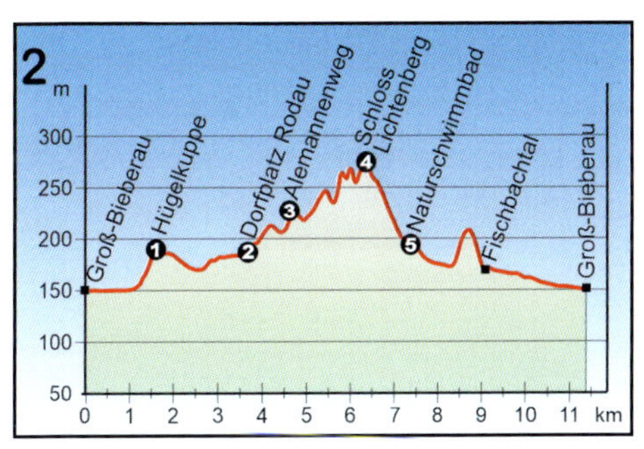

Hofladen Schuchmann, Waldstraße 15, 64405 Fischbachtal-Lichtenberg, 061 66/83 78, lichtenberger-landwirtschaft.com, Öffnungszeiten auf Anfrage

Geradeaus gelangen Sie zum ♜ **Schloss Lichtenberg** ❹ (km 6,3). Gehen Sie vorher auch links zum Wehrturm hinauf und genießen Sie den Blick auf das Schloss und die Landschaft.

♜ Das Renaissanceschloss thront weithin sichtbar über dem Ort. Der Ausbau erfolgte Ende des 16. Jahrhunderts unter dem Landgraf Georg I. von Hessen-Darmstadt. Die Wehranlagen sind mittelalterlichen Ursprungs. Nach Voranmeldung sind Führungen zum Schloss und der Umgebung sowie für Gruppen durch das ⌘ Museum möglich. Von März bis Oktober finden im Kaisersaal die Lichtenberger Schlosskonzerte statt. Im Dezember gibt es einen Adventsmarkt. Es ist ein beliebter Ort zum Heiraten. Direkt angrenzend am Fuße des Schlosses befindet sich ein Gasthaus mit Biergarten.

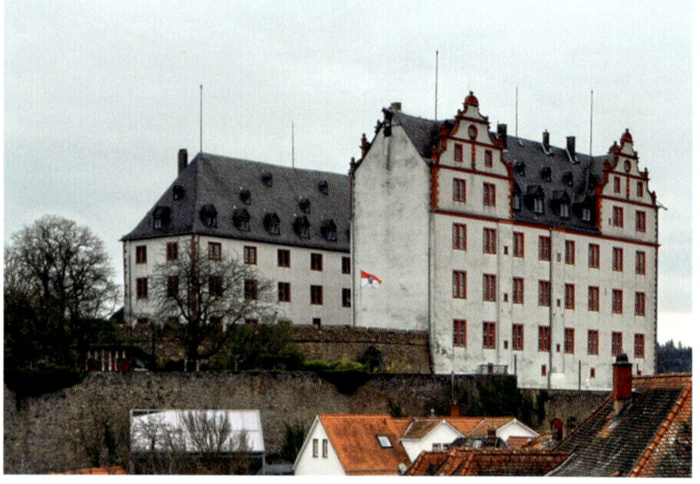

Schloss Lichtenberg

♜ Schloss Lichtenberg, Landgraf-Georg-Straße, 64405 Fischbachtal, ☎ 061 66/93 00 23, Anfragen zu Führungen telefonisch oder per Mail an ✉ geopark@fischbachtal.de, 💻 schloss-lichtenberg.de, 🚪 9:00-20:00

✕ Gasthaus Alt Lichtenberg, Landgraf-Georg-Straße 9, 64405 Fischbachtal, ☎ 061 66/84 32, ✉ info@alt-lichtenberg.de, 💻 alt-lichtenberg.de, 🚪 coronabedingt gab es Anfang 2022 keinen regulären Restaurantbetrieb, die Küche war nur für Veranstaltungen geöffnet, aktuelle Öffnungszeiten bitte erfragen

Im Anschluss geht es, vom Schloss zurück, auf der Landesstraße, die hier Kirchweg heißt, hinab.

Es gibt keinen Fußweg und Sie müssen auf der Straße laufen.

Wenn die Straße eine Rechtskurve macht, gehen Sie links ab.

Ein Radweg ist ebenfalls ausgewiesen. Dem können Sie folgen, wenn Sie keinen Stopp am Freibad einlegen wollen.

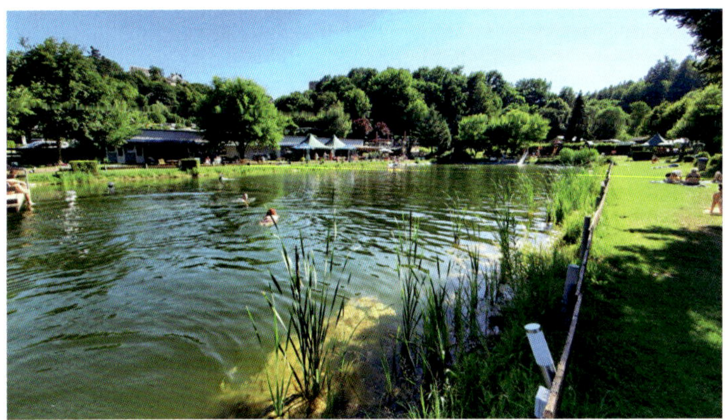

Naturschwimmbad

Sie nehmen den Feldweg, der den Campingplatz umrundet. Oberhalb des Hauptgebäudes können Sie das Gelände bereits betreten. Unterhalb davon befindet sich das **Naturschwimmbad** ❺ (km 7,4).

Machen Sie Ihren Kindern und sich selbst ein Vergnügen. Besuchen Sie das Naturschwimmbad am Campingplatz Odenwaldidyll. Es ist ein wunderbarer Flecken Erde, an dem es sich herrlich entspannen und die Zeit vergessen lässt. Wenn dann keine Energie für den Rückweg zu Fuß bleibt, können Sie von Fischbachtal den Bus MO2/MO3 ab „Fischbachtal-Schwimmbad" bzw. „Fischbachtal-Niedernhausen Linde" oder „Fischbachtal-Lichtenberg" (alle halbe Stunde) nach Groß-Bieberau bzw. Reinheim nehmen. Am Schwimmbad gibt es einen Kiosk mit Restaurantbetrieb. Es gibt eine große Getränkeauswahl und einfache, reichhaltige Speisen.

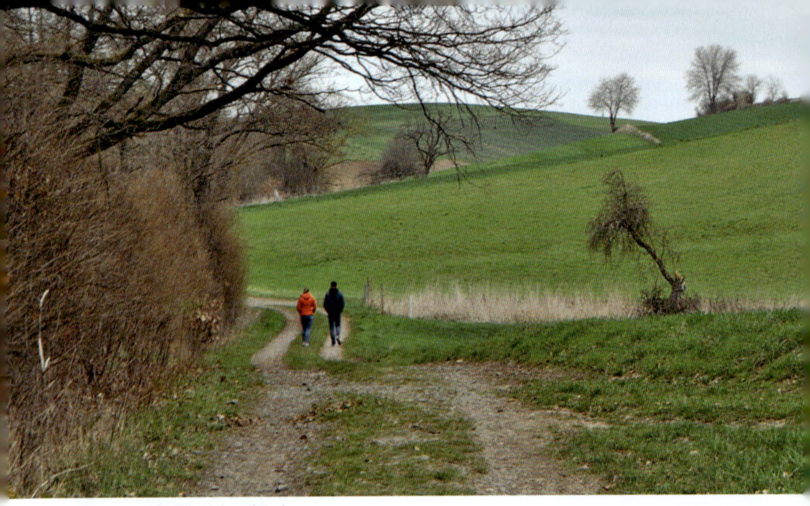

Weg nach Fischbachtal

Naturschwimmbad Odenwaldidyll, Campingplatz 1, 64405 Fischbachtal, 061 66/85 77, kontakt@odenwald-idyll.de, odenwald-idyll.de, Juni-Aug 10:00-19:00, Eintritt: € 1

Kiosk, Mitte Mai-Mitte Sep 12:30-18:30

Vom Haupteingang des Campingplatzes laufen Sie rechts zur Landesstraße. Hier hält der Bus Richtung Groß-Bieberau und Weinheim (siehe oben). Wer weiterläuft, quert die Landesstraße und läuft parallel zu ihr nach links. Bei der nächsten Gelegenheit geht es rechts ab. Es folgt ein leichter Anstieg. An der nächsten T-Kreuzung gehen Sie nach links. Sie treffen auf den Fischbach und folgen dem Fischbachtal nach Groß-Bieberau. Am Ortseingang (km 10) treffen Sie auf den Wegabschnitt, den Sie gekommen sind. An der zweiten Straße lohnt es sich, einen Abstecher nach links über die Sudetenstraße zur Marktstraße zu machen. Hier befindet sich links eine Bäckerei und geradeaus eine Eisdiele. Das Restaurant Zum Deutschen Haus rechts war leider Anfang 2022 nicht in Betrieb.

Bäckerei Stock, Marktstraße 42, 64401 Groß-Bieberau, 061 62/17 17, Mi-Fr 6:30-18:00, Sa 6:15-13:00, So 8:00-11:00

Wennel Eis, Jochartstraße 2, 64401 Groß-Bieberau, 061 62/52 53, wennel-eis.de, Mo-So 11:00-19:00

Um zum Start zu kommen, laufen Sie die Marktstraße nach rechts bis zur Jahnstraße und folgen dieser wenige Meter nach rechts.

3 Zur Veste Otzberg und zur Schmelzmühle

Tour für Odenwaldliebhaberinnen und -liebhaber

Weithin sichtbar und in exponierter Lage liegt die Festung Veste Otzberg am nördlichen Rand des Odenwaldes. Die Tour beginnt am gut erreichbaren Umsteigebahnhof Groß-Umstadt Wiebelsbach und führt zur Veste. Von hier haben Sie einen weiten Blick sowohl in die Rheinebene als auch in den Odenwald. Weiter geht es zu einem kulinarischen Höhepunkt und auf dem Rückweg an einem Kneippbecken zum Wassertreten vorbei. Die kürzere Alternative von 10,8 km lässt die Einkehrmöglichkeit und das Kneippbecken weg. Letzteres kann durch einen kleinen Abstecher von 800 m doch noch erreicht werden.

Start/Ziel: Wiebelsbach (Groß-Umstadt), Bahnhof, GPS N 49°50.000' E 008°56.481'
14,2 km
ca. 3 Std. 30 Min.
413 m/413 m
189-361 m
keine bzw. wechselnde Markierungen
Der Weg führt über Forstwege und -straßen und hat einen hohen Asphaltanteil.
italienisches Restaurant (km 3), im Ortskern Otzberg-Hering (kurzer Abstecher bei km 5,2), Restaurant mit Biergarten Schmelzmühle (km 7,2), Ortskern Wiebelsbach (km 12,6)
Bank (km 1,6), Ludwig-Keller-Hütte (km 2,5), Rastplatz Veste Otzberg (km 4,2), hinter der Schmelzmühle (km 7,2)
erlebnisreiche Tour mit vielen Attraktionen (mittelalterliche Veste, Spielplatz, Minigolf, Kleinbahn, Kneippbecken) für Kinder und Erwachsene und mit zwei möglichen Entfernungen
Die Tour ist sehr gut für den Buggy geeignet. Es handelt sich überwiegend um befestigte, breite Wege.
aufgrund der überwiegend festen Wege nur bedingt für Hunde geeignet
Groß-Umstadt Wiebelsbach, Umsteigebahnhof der Odenwaldbahn mit Verbindungen nach Darmstadt alle 60 Min. und 2 x pro Std. nach Hanau, Offenbach und Frankfurt
P am Bahnhof Groß-Umstadt Wiebelsbach
10,8 km zur Veste Otzberg und im Bogen zurück

Den Bahnhof Groß-Umstadt Wiebelsbach können Sie nur auf der Ostseite verlassen. Daher führt der Weg zunächst nach Süden, also nach rechts, um nach wenigen Metern durch die Unterführung die Bahnanlage zu unterqueren.

Die Straße macht ein Linksknick. Gleich darauf biegt rechts ein Feldweg ab, dem Sie folgen. Es geht ein paar Meter bergan und schon haben Sie einen wunderbaren Blick über die Landschaft mit sanften Hügeln und grünen Feldern bis zum Waldrand.

Dann geht es links hinab zu einem keinen Asphaltsträßchen. Diesem folgen Sie nach links. Der Weg ist hier mit einem roten Kreuz auf weißem Grund markiert. Es handelt sich um den Franken-Hessen-Kurpfalz-Weg, welcher von Aschaffenburg kommend den Odenwald quert und über Hirschhorn am Neckar nach Speyer führt. Sie wandern einen Bachlauf hinauf. An einer Bank ❶ (km 1,6) mit schönem Blick über die Felder geht es nach rechts. An der nächsten Kreuzung führt der Weg nach links dem Asphaltsträßchen weiter folgend. Der Weg trifft auf einen Radweg, dem er nach rechts folgt. Die Veste Otzberg ist bereits ausgeschildert.

Es geht geradeaus den Weg hoch, obwohl der Pfeil unter der Markierung nach links weist.

Der Weg führt an der Ludwig-Keller-Hütte (km 2,5) vorbei. Zwischen den Hügeln haben Sie einen Blick auf Wiebelsbach. An der folgenden Kreuzung geht es halb links. Kurz vor einer Landesstraße verlässt der Weg mit der Markierung rotem Kreuz auf weißem Grund Ihre Route. Sie laufen weiter geradeaus, um die Landesstraße zu queren. Nun haben Sie das erste Mal einen weiten Blick in den Odenwald und sehen die Veste Otzberg mit dem markanten weißen **Bergfried**. Als Bergfried werden bei mittelalterlichen Burgen die unbewohnten Haupttürme der Burganlage bezeichnet. Rechter Hand befindet sich ein italienisches Restaurant (km 3).

La Trattoria, Odenwaldstraße 88, 64853 Otzberg, ☏ 061 62/96 28 33, info@latrattoria-otzberg.de, latrattoria-otzberg.de, Di-So 11:30-14:30 und 17:00-22:00, mit großer Terrasse

Der Weg folgt der Straße geradeaus in den Ortsteil Heringen-Otzberg. Rechts haben Sie einen Blick in die Rheinebene. Im Ort biegt ein Weg mit dem grünen Punkt links ab. Diesem folgen Sie nicht, sondern Sie biegen erst hinter dem ehemaligem Restaurant Zum Stern an der Dorflinde in die Straße Zum Bergfried links ein. Die Veste Otzberg und das ehemalige Museum sind ausgeschildert. Der Weg führt von der Straße ab, halb rechts den Burgweg hinauf. Beachten Sie rechts den Basaltfels.

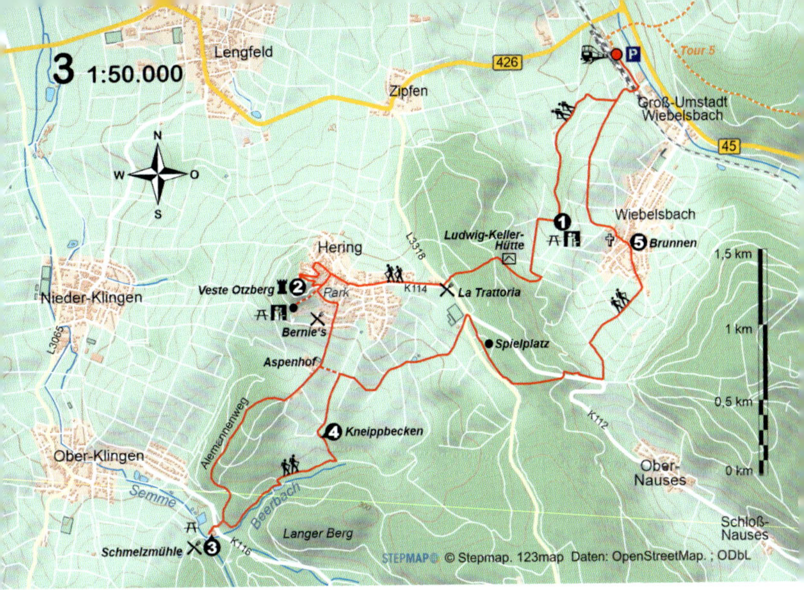

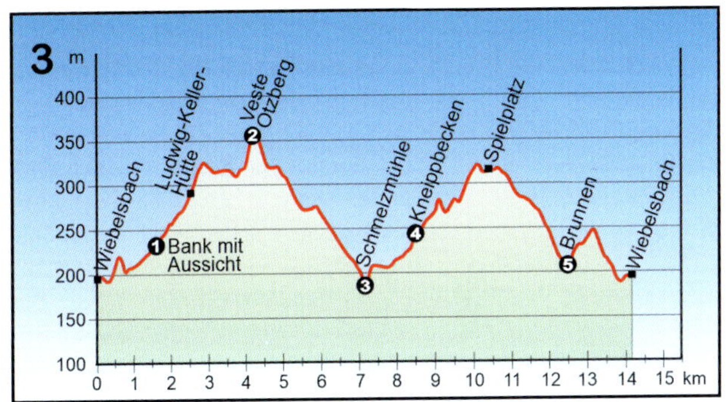

Der Basaltfels deutet auf den ehemaligen Vulkan Otzberg hin – Grundlage für die heutige Erhebung des Otzberges und der Gesteinsfunde in der Umgebung. Interessant sind in diesem Zusammenhang auch die beiden Gabionenwände aus mit Steinen gefüllten Drahtkörben, welche acht verschiedene Gesteinssorten der Umgebung enthalten. Sie stehen am Rande des Parkplatzes, wenn Sie von der Veste wieder runterkommen.

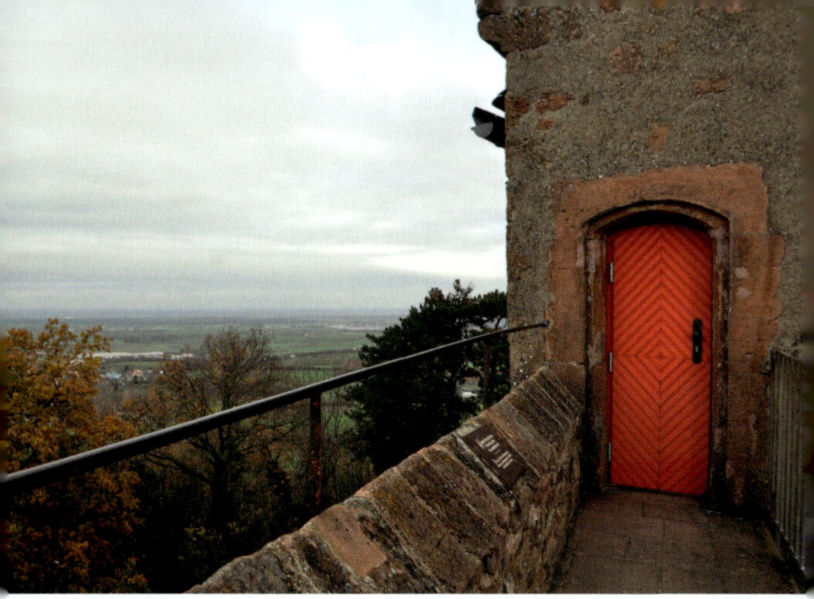

Veste Otzberg

Gleich darauf biegt rechts ein kleiner Pfad ab, der steil bergauf zum Eingang der Veste führt. Sie können diesen auf direktem Weg hinaufsteigen oder dem Burgweg weiter folgen, wenn Sie bspw. mit einem Buggy unterwegs sind. Über das Torgebäude erreichen Sie den Burghof der **Veste Otzberg ❷** (km 4,2).

Die Veste Otzberg wurde im 13. Jahrhundert von Pfalzgraf Otte II. errichtet und im 16. Jahrhundert als Festung ausgebaut. Der Name Otzberg verweist auf den Erbauer – „Ottos Berg". Die einzelnen Gebäude auf der Burg sind mit ihrer ursprünglichen Funktion beschriftet. Heute beherbergen sie ein Standesamt. Ein Museum gab es bis 2019. Vom Bergfried und den Wehrgängen haben Sie einen beeindruckenden Blick auf die umliegenden Dörfer des Vorderen Odenwaldes. Die unterhalb der Burg liegenden Gebäude waren in das Verteidigungssystem der Burg eingebunden. Achten Sie auf die historische Stadtgrundkarte, die am ehemaligem Backhaus hängt.

Wenn Sie Ihren Rundgang auf der Burg beendet haben und aus dem Torgebäude treten, nehmen Sie die Treppe, die rechts hinunterführt. Der Burgweg läuft hier fort, macht eine Linkskurve und biegt dann rechts ab.

Mit dem Buggy können Sie die Treppe vermeiden, indem Sie den Weg, den Sie gekommen sind, wieder zurücklaufen. Unterhalb der Burg laufen Sie nach rechts und kommen ebenfalls zur ehemaligen Schule.

Sie gelangen zu dem kleinen Platz am ehemaligem Backhaus mit historischer Stadtgrundkarte. Nun biegen Sie rechts wieder in die Odenwaldstraße ein, auf der Sie in den Ort gelaufen sind, und gelangen zur Dorflinde, an der Sie erneut in die Straße Richtung Veste einbiegen.

Dieses Mal biegen Sie nicht in den Burgweg ein, sondern laufen geradeaus weiter.

Nach wenigen Metern führt der Weg an der ehemaligen Schule nach links.

Wenn Sie geradeaus ca. 150 m weiterlaufen, kommen Sie zu einem weiteren Aussichtspunkt mit Rastplatz.

Links abgebogen befindet sich auf der linken Seite ein Parkplatz mit anschließendem Park. Dort stehen die oben erwähnten Gabionenwände mit den Gesteinssorten der Umgebung (Basalt S. 27 unten). Zudem gibt es eine **Kleinbahn**, einen Spielplatz und eine Minigolfanlage.

Die Heringer Kleinbahn fährt durch einen Park und lädt zum Mitfahren ein. Es handelt sich um eine Dieselbahn mit Spurweiten von 5 Zoll (127 mm) und 7 1/4 Zoll (178 mm). Sie wird von einem Verein betrieben. Es gibt öffentliche Fahrtage, siehe heringer-kleinbahn.de, in der Regel 1. So im Monat 14:00-18:00.

An der nächsten Kreuzung führt der Weg nach rechts. Die Waldstraße immer geradeaus wandern Sie aus Heringen hinaus.

Vor dem letzten Haus (km 5,2) wenige Meter nach rechts befindet sich eine Einkehrmöglichkeit.

Bernie's Café und Bistro, Feldstraße 7, 64853 Otzberg-Hering, 061 62/809 70 40, berniesbistro@t-online.de, berniesbistro.de, Fr-Sa 15:00-22:00, So 12:00-22:00

Leichten Fußes gelangen Sie bergab zum Gehöft Aspenhof. Zurück haben Sie einen schönen Blick auf die Veste Otzberg. Sie treffen auf den mit dem A gekennzeichnetem **Alemannenweg**, dem Sie bis zu Schmelzmühle folgen.

↬ Am Aspenhof biegen Sie links ab, wenn Sie die kurze Variante laufen möchten. Nach 150 m treffen Sie an der nächsten Kreuzung auf den Rückweg, der geradeaus weiter verläuft. Rechter Hand könnten Sie einen ⇔ Abstecher zum Kneippbecken (800 m) machen.

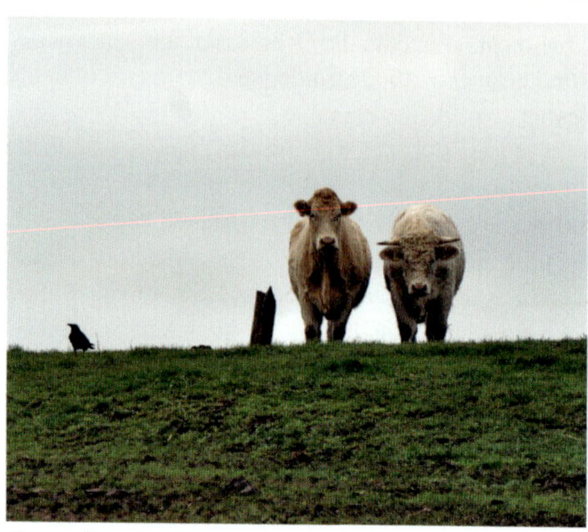

Freunde am Wegesrand

An der Waldkante geht es halb rechts auf dem geschotterten Waldweg leicht bergab. Rechts schimmert die Bebauung von Ober-Klingen durch. Der Weg macht eine Rechtskurve. An der nächsten Kreuzung geht es nach rechts, um dann gleich links in einen kleinen Pfad abzubiegen. Sie treffen unvermittelt auf eine Straße. Diese queren Sie. Gegenüber befindet sich die ✗ **Schmelzmühle ❸** (km 7,2). Wenige Meter weiter auf der rechten Seite befindet sich ein kleiner ⛼ Rastplatz.

↬ Mit dem Buggy folgen Sie besser dem Weg und queren die Straße wenige Meter weiter rechts.

✗ Schmelzmühle, Bachstraße 43, 64853 Ober-Klingen ☏ 061 62/729 13, schneider.schmelzmuehle@t-online.de, dieschmelzmuehle.de, Mi-Sa 17:00-21:00, So 11:30-21:00, zunächst als Mahlmühle genutzt entstand im 17. Jahrhundert eine Schmelzhütte, wo unter anderem die Kanonenkugeln für die Veste Otzberg gefertigt wurden. Heute können Sie dort Hausmannskost aus lokalen Produkten mit saisonal wechselndem Angebot genießen. Im Sommer sitzen Sie im Biergarten unter Bäumen und es plätschert ein Brunnen.

Für den Rückweg gehen Sie zunächst zurück über die Straße den kleinen Pfad wieder hinauf, biegen dann aber rechts ab. Der Weg führt am Bachlauf des Beerbachs entlang zu einem kleinen Teich. Dort biegen Sie links und dann gleich wieder rechts ab.

Ab hier sind es 400 m, bis Sie links in einen unscheinbaren Pfad einbiegen. Der Weg führt leicht bergan, an einer Wiese entlang. Links befindet sich zunächst eine Streuobstwiese, dann eine kleine Weide, die sich den Hang hochzieht. Direkt hinter dieser geht es links ab.

Ein unscheinbarer Pfad zwischen Weide und Buchenwald führt zu einem **Kneippbecken** ❹ (km 8,6). Viel Spaß beim Wassertreten!

Weiter geht es nach rechts das Sträßchen hinauf. Alsbald haben Sie wieder den Blick zur Veste Ortzberg. An der nächsten Kreuzung kommt von links der Weg der kürzeren Alternative vom Gehöft Aspenhof. Sie biegen rechts ab. Der Weg ist mit dem A des Alemannenweges gekennzeichnet und führt den Hügel hinauf. Weiter geradeaus treffen Sie auf einen mit Betonplatten ausgelegten Weg. Diesem folgen Sie ein Stück bis zu den drei Nadelbäumen, auf die Sie direkt zulaufen. Dahinter befindet sich ein kleiner Teich. Der Weg führt rechts von den Nadelbäumen auf einem grasbewachsenen Weg weiter. Geradeaus gelangen Sie wieder zu der Landesstraße, die Sie bereits auf dem Hinweg gequert haben, und sehen links das Restaurant. Sie queren die Landesstraße nach rechts und folgen noch ein Stück dem Alemannenweg zwischen den beiden Straßen Richtung Südosten. Sie kommen an einem Spielplatz mit mehreren Grillplätzen vorbei. Rechts zwischen den Bäumen über die Straße hinweg haben Sie immer wieder einen wunderbaren Blick in den Odenwald. Sie treffen auf einen Forstweg, dem Sie nach links folgen. Hier verlassen Sie den Alemannenweg. Nach wenigen Metern gelangen Sie an die andere Straße, die Sie queren und der Sie nach rechts parallel ein Stück im Wald folgen. Hinter einem Sendemast gehen Sie nach rechts und einige Meter an dem kleinen Sträßchen nach links, um dann auf einem kleinen Asphaltweg nach links Richtung Wiebelsbach hinabzulaufen. Genießen Sie die malerischen Blicke auf den zwischen sanften Hügeln liegenden Ort.

Bei den ersten Häusern geht es halb links weiter die Straße hinab. Sie gelangen zum Ortskern von Wiebelsbach mit Brunnen ❺ (km 12,6). Nun geht es geradeaus wieder hinauf. Sie nehmen die Treppe zur Kirche.

Mit Buggy laufen Sie einfach nach links, biegen direkt wieder rechts ab und gelangen so zur Kirche.

Dann folgen Sie der Kirchstraße nach rechts aus dem Ort hinaus. An der Streuobstwiese entlang geht es vor dem Ziegenstall halb rechts. Sie haben nochmals einen schönen Blick über die Landschaft und folgen dem Sträßchen bergab Richtung Bahnhof. Kurz vor der Unterführung treffen Sie auf den Hinweg. Hinter der Unterführung nach links gelangen Sie wieder zum Ausgangspunkt.

4 Zur Märchenschlucht

Tour für Familien mit vielen Attraktionen

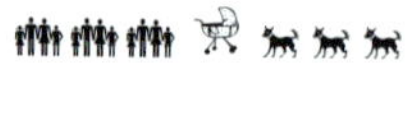

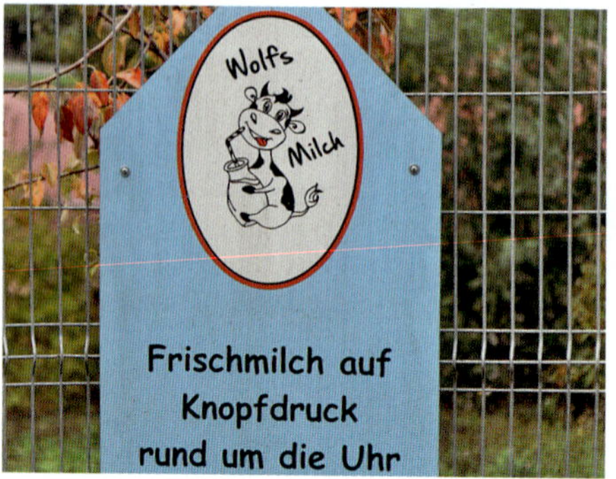

Hinweisschild Milchautomat

Diese sehr abwechslungsreiche und kurzweilige Tour verbindet Kleinstadtbesuch mit Naturerlebnis. Sie bietet attraktive Stationen mit dem romantischen Märchenpfad durch die Obrunnschlucht und einem Stopp am Milchautomaten, wo Sie in mitgebrachten Flaschen Milch abfüllen können. Stecken Sie hierfür Bargeld ein.

Start/Ziel: Höchst im Odenwald, Bahnhof, GPS N 49°47.705' E 008°59.330'

9,5 km

ca. 2 Std. (+ 30 Min. bis 1 Std. 30 Min. für die Stationen in der Schlucht)

375 m/375 m

144-323 m

keine bzw. wechselnde Markierungen

In der Schlucht führt der Weg über einen teilweise schmalen Waldweg mit Wurzeln und Stufen. Ansonsten handelt es sich um befestigte Wald- und Forstwege sowie Asphaltstraßen.

in Höchst im Odenwald (ab km 8,3)

Milchautomat/Hofladen (km 6,6)

Eingang der Schlucht (km 1,8), in der Schlucht, Waldparkplatz (km 3,4), am Regiomat (km 6,6)

Freibad Höchst im Odenwald (über Abstecher erreichbar, ⇔ 1,4 km)

Die Märchenschlucht mit Miniaturburgen, Schlössern und Mühlen lädt zum Erkunden ein. Größere Kinder können eine Strichliste der Miniaturobjekte und Brücken führen. ☺ Kombinieren Sie die Tour mit einem Besuch des Höchster Freibads.

In der Schlucht ist es ziemlich uneben und es gibt einige Stufen. Der Rest des Weges ist sehr gut mit dem Buggy zu machen.

Kinderfreundliche Hunde werden an der Tour viel Freude haben. Sie führt auf überwiegend weichen Belägen durch den Wald.

 Höchst liegt an der Odenwaldbahn, die Erbach mit Darmstadt alle 60 Min. und Frankfurt zweimal pro Stunde verbindet.

P Sie können den Parkplatz des Bahnhofsvorplatzes oder den Park+Ride-Stellplatz an der Bismarckstraße westliche der Bahnlinie nutzen. Alternativ liegt oberhalb der Märchenschlucht ein Waldparkplatz (GPS N 49°46.981' E 009°01.241'). Sie beginnen die Tour dann am ❷ und laufen die Schlucht am Ende hoch.

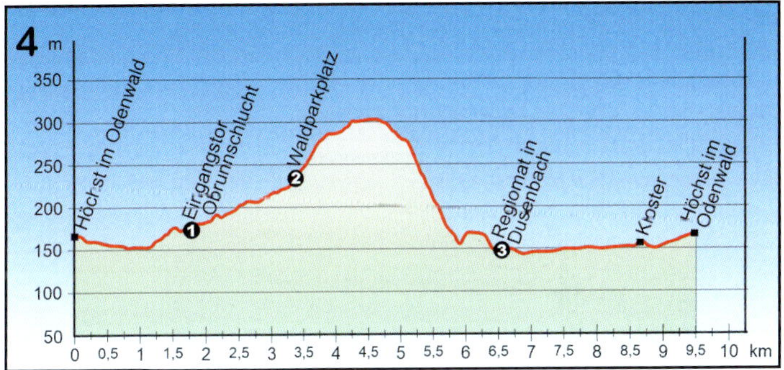

Am Bahnhof von Höchst im Odenwald befindet sich die Güterhalle Höchst, ein Veranstaltungsort. Von dort laufen Sie Richtung Süden am Hotel Lust vorbei und gelangen über eine Treppe und einen kleinen Pfad an der Rückseite von Gärten zur Bismarckstraße.

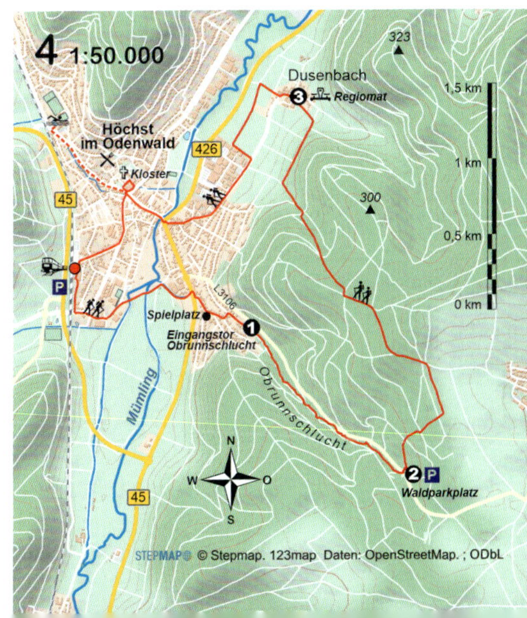

Aufgrund des Verkehrs auf der Bismarckstraße Kinder bitte an die Hand nehmen.

Der Bismarckstraße folgen Sie wenige Meter nach links, um dann direkt rechts in die Pestalozzistraße einzubiegen. Diese führt im Bogen nach links. Bei nächster Gelegenheit, an der Wendeschleife vor der Grundschule, biegen Sie rechts in den Nickelsweg ein und queren den Flusslauf der Mümling. Die **Mümling** gibt dem Tal seinen Namen. Es handelt sich um einen Zufluss des Mains. Vor den Gewerbehallen führt der Weg auf einem kleinen Pfad parallel zum Obrunngraben rechts weg zur Erbacher Straße. Diese queren Sie und gehen etwas weiter rechts in den Weilertsweg. Am 👪 Spielplatz halten Sie sich links und folgen der ansteigenden Siegfriedstraße. Bei nächster Gelegenheit wechseln Sie mit einer Links-rechts-Kombination in den parallel verlaufenden Obrunnweg. Nun können Sie schon das Eingangstor zur **Obrunnschlucht ❶** (km 1,8) sehen.

⌘ ❀ **Märchenschlucht**: Vom Ortsrand von Höchst im Odenwald in Richtung Rimhorn schlängelt sich die Obrunnschlucht als romantischer Märchenpfad mit Miniaturburgen, Schlössern und Mühlen hinauf. Die Schlucht ist frei zugänglich. Eine Interessengemeinschaft kümmert sich um den Erhalt der Miniaturen.
💻 obrunnschlucht.de

Märchenschlucht

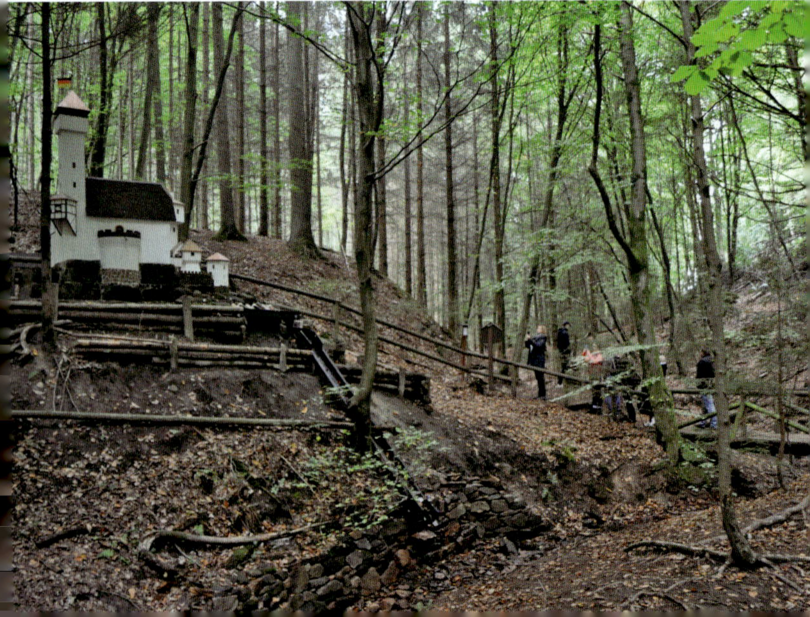

Der Weg führt auf naturbelassenem Pfad die Schlucht hinauf. Es gibt eine Vielzahl an Miniaturen, Brücken und Rastmöglichkeiten. Im oberen Teil können Sie beide Wege gehen. Der linke Weg hat mehr Stationen. Der rechte Weg führt über die sogenannte Hühnerleiter mit Holzstufen. Am oberen Ende der Schlucht – beide Wegvarianten treffen wieder zusammen – queren Sie eine Landesstraße. Auf der anderen Seite befindet sich ein Waldparkplatz ❷ (km 3,4). Am oberen Ende führt der Weg weiter. Nach einer Rechtskurve queren Sie zwei größere Wege jeweils geradeaus. Geradeaus sehen Sie schon durch die Bäume die dahinterliegenden freien Felder durchschimmern.

Am Waldrand folgen Sie links dem kleinen Pfad und genießen den Blick über die Landschaft. Dem von rechts kommenden Feldweg folgen Sie nach links und verlassen die Lichtung. Sie laufen in den Wald hinein. An den nächsten Gabelungen halten Sie sich rechts und dann links. Es folgt eine Kreuzung, an der Sie rechts abbiegen. Der Weg macht direkt eine Linkskurve und führt auf dem Hauptweg ins Tal hinab. Kleinere querende bzw. abgehende Wege bleiben unberücksichtigt.

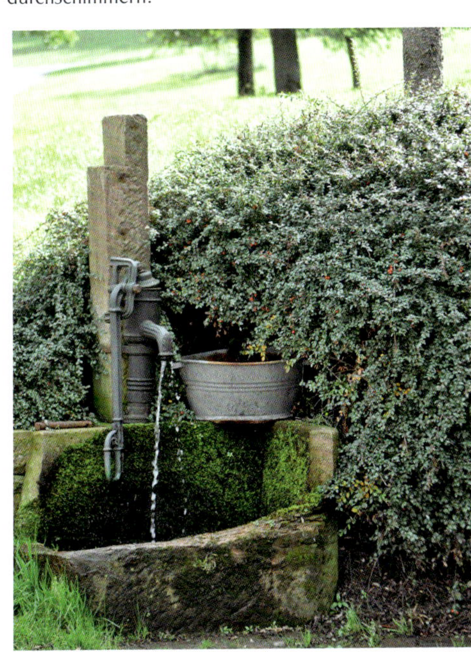

Brunnen in Dusebach

Am Waldrand mit Blick ins Mümlingtal biegen Sie rechts ab. Vor Ihnen liegt Dusenbach, ein Ortsteil von Höchst. Die vorderen Gebäude mit dem großen Kuhstall gehören zum Milchhof, wo Sie Milch und regionale Produkte am Automaten kaufen können. Hierzu nehmen Sie den Feldweg zu den ersten Häusern nach links. Die Milchtankstelle und der **Regiomat** ❸ (km 6,6) befinden sich in einem kleinen Häuschen vor dem Kuhstall.

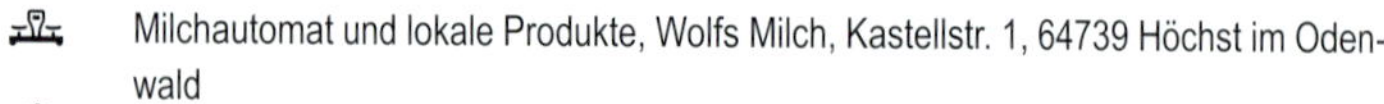

Milchautomat und lokale Produkte, Wolfs Milch, Kastellstr. 1, 64739 Höchst im Odenwald

Für das Abfüllen von Milch am besten eine Flasche mitbringen und Bargeld in Form von kleinen Scheinen bzw. Münzen einstecken!

Weiter geradeaus trifft der Weg auf die Mainstraße. Dieser folgen Sie nach links zurück Richtung Höchst. Da hier Autos unterwegs sind, lohnt es sich, einen kleinen Schlenker nach rechts zu machen. Gehen Sie hierzu noch vor den letzten Häusern nach rechts, um auf den parallel zur Straße durch die Wiesen führenden Feldweg zu gelangen. Kurz vor der Bebauung folgen Sie dem Weg nach links und treffen wieder auf die Straße, die ab dort dann wenigstens einen Bürgersteig hat. Sie führt direkt zum Ortskern von Höchst im Odenwald und heißt nun Dusenbacher Straße. Sie trifft kurz vor der Mümling auf die Erbacher Straße, die nach rechts als Geschäftsstraße durch den Ortskern führt. Bemerkenswert sind die denkmalgeschützten Fachwerkhäuser, die die Straße säumen. Der Bahnhof ist nach links Richtung Süden bereits ausgeschildert.

Ich empfehle aber, noch bis zur nächsten großen Kreuzung zu laufen. Dort fällt das historische Gebäude, ein Renaissancebauwerk aus dem 16. Jahrhundert, auf, in dem heute eine Polizeistation untergebracht ist (Aschaffenburger Straße 2). Dahinter befindet sich das Kloster Höchst (Kirchberg 3). Das auf dem Grundriss eines ehemaligen Augustinerklosters errichtete Gebäude wird als Jugendbildungsstätte und Tagungshaus von der evangelischen Kirche betrieben. Zurück an der Kreuzung folgen Sie der Richtung Süden führenden Wilhelminenstraße.

Von der Kreuzung Richtung Nordwesten über die Groß-Umstädter Straße gelangen Sie nach 700 m zum Höchster Freibad. Der Eingang befindet sich an der rechts abzweigenden Jahnstraße.

Freibad Höchst im Odenwald, Jahnstraße 8, 64739 Höchst im Odenwald, ☎ 061 63/25 40, hoechst-i-odw.de (Sport & Freizeit), Mo-So 9:00-20:00, Eintritt: € 4, ermäßigt € 2, Familie € 9

Die Wilhelminenstraße geht in die Bismarckstraße über und dann biegen Sie halb rechts in die Bahnhofstraße ab, der Sie zurück zum Bahnhof folgen. Die Straße steht aufgrund ihrer städtebaulichen Anlage und den angrenzenden gründerzeitlichen Villen unter Denkmalschutz. Viele der Gebäude weisen den für die Region typischen roten Sandstein auf.

❺ Zur Burg Breuberg

Tour für Burgenliebhaberinnen und -liebhaber

Die Wanderung führt über Heubach im großen Bogen zur mittelalterlichen Burg Breuberg im Mümlingtal am nordöstlichen Rand des Odenwaldes. Die Burg fasziniert aufgrund ihrer riesigen Anlage und dem guten Zustand. Auf dem Rückweg geht es durch den Ortsteil Sandbach und über den Höhenrücken wieder zurück zum Ausgangspunkt. Wer viel Zeit mitbringt, kann auf der Burg übernachten, denn sie wird als Jugendherberge bewirtschaftet. Im Ortsteil Sandbach verkehrt ein Bus und es besteht die Möglichkeit, die Wanderung abzukürzen.

- Start/Ziel: Wiebelsbach (Groß-Umstadt), Bahnhof, GPS N 49°50.000' E 008°56.481'
- 21,8 km
- ca. 5 Std.
- 675 m/675 m
- 148-334 m
- keine bzw. wechselnde Markierungen, einzelne Abschnitte mit rotem oder blauem Kreuz
- abwechslungsreicher Weg mit unterschiedlichsten Belegen und Wegoberflächen
- Restaurant Heubach (km 2,3), Burgschänke Burg Breuberg (km 12,5), Bäckerei und Café in Breuberg-Sandbach (km 14,5)
- Es gibt eine Vielzahl von Bänken und Rastplätzen am Wegesrand.
- Eine sehr spannende und abwechslungsreiche Tour. Die Burg ist sehr sehenswert. Aufgrund der Länge ist für Kinder vielleicht nur die kurze Variante machbar und auch dann noch sehr anspruchsvoll. Alternativ ist es möglich, die Tour zu teilen und auf der Burg in der Jugendherberge zu übernachten.
- Die Wanderung ist nicht für den Buggy geeignet.
- Wenn die Länge kein Ausschlusskriterium ist, ist es sicher eine tolle Tour für Vierbeiner.
- Groß-Umstadt Wiebelsbach ist Umsteigebahnhof der Odenwaldbahn mit Verbindungen nach Darmstadt alle 60 Min. und zweimal pro Std. nach Hanau, Offenbach und Frankfurt.
- Sie können am Bahnhof von Groß-Umstadt Wiebelsbach parken.
- 14,5 km zur Burg Breuberg und aus dem Ortsteil Sandbach mit Bus und Bahn zurück

Von den Gleisen kommend laufen Sie nach links und noch vor der Hauptstraße hinter dem Gebäude auf der rechten Seite nach rechts den Hang hinunter. Sie treffen auf eine Bundesstraße, die Sie queren. Geradeaus geht es den Hang hinauf.

Von oben haben Sie einen schönen Blick über die Landschaft und sehen halb rechts die Häuser von Heubach. Um dorthin zu gelangen, biegen Sie vor der den Weg begleitenden Baumreihe rechts ab und laufen parallel zu der in den Ort führenden Straße. Nach einem kurzen Anstieg an der ⛩ Bank lohnt sich der Blick zurück. Linker Hand sehen Sie die Veste Otzberg über den Bäumen herausragen. Sie können noch ein Stück oberhalb des Ortes am Hang entlanglaufen und gehen erst an der T-Kreuzung nach links. Am ersten Wohnhaus folgen Sie der Asphaltstraße in den Ort hinab. Sie gelangen auf die Hauptstraße, der Sie nach rechts folgen. Die Kirche und der **Dorfplatz mit Brunnen** liegen links der Hauptstraße. Spätestens am August-Bebel-Platz biegen Sie links ab und gelangen zum Dorfplatz von Heubach ❶ (km 2,3).

Ab dem Dorfplatz folgen Sie dem ✎ roten Kreuz auf weißem Grund für knapp 5 km bis zum Höhenweg Alte Frankfurter Straße. Hinter der Schule geht es halb links hinauf und gleich nochmals nach links. Sie haben einen schönen Blick über den Ort Heubach. Rechter Hand befindet sich ein Spielplatz. Der Weg führt dahinter rechts zwischen Weinbergen hinauf. Er macht eine Rechtskurve. Vor den nächsten Häusern geht es links weiter hinauf. Sie laufen auf eine ⛩ Bank zu. Dort angekommen geht es nach links, um dann gleich darauf rechts in den Wald einzubiegen.

Wanderer unterwegs

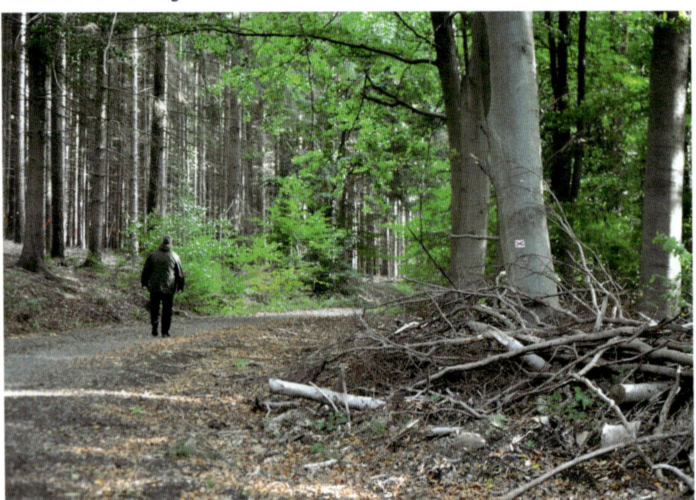

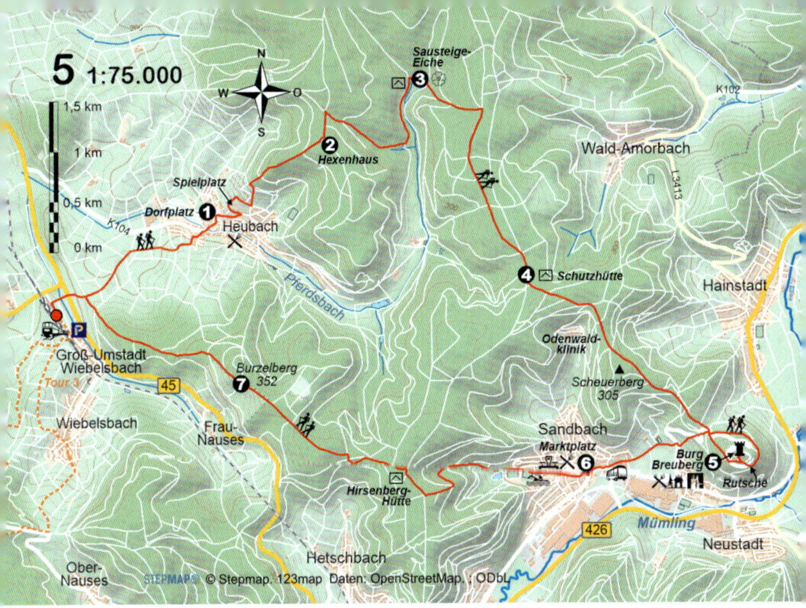

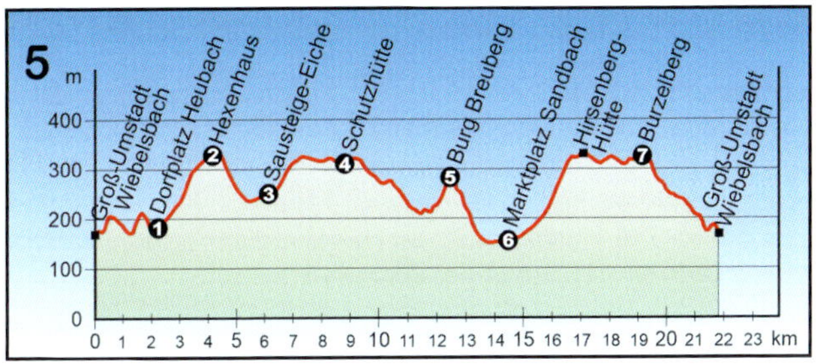

Den ersten Forstweg queren Sie. Dem zweiten folgen Sie nach links. Sie treffen auf das **Hexenhaus ❷** (km 4,2). Der Weg führt links davon weiter.

Nach 250 m, am zweiten Abzweig, geht es scharf rechts.

Es geht hinab zu einem kleinen Weiher, an dem Sie links abbiegen. Sie kommen an einer Schutzhütte vorbei. Am Ende der Lichtung biegen Sie rechts ab und kommen zum **Naturdenkmal Sausteige-Eiche ❸** (km 6,2). Die Eiche ist über 300 Jahre alt und diente früher den Schweinehirten als Treffpunkt. Es gibt einen langen, hölzernen Tisch mit Sitzgelegenheiten.

Geradeaus auf dem Forstweg gelangen Sie hinauf zum Höhenweg Alte Frankfurter Straße. Es handelt sich um eine alte römische Straße, die Frankfurt mit dem Odenwald verband. Dieser folgen Sie nach rechts Richtung Breuberg. Der Weg ist auch als Radweg ausgewiesen, der rege von Mountainbikerinnen und Mountainbikern genutzt wird. Ab hier ist der weitere Weg bis zur Burg durch ein rotes Andreaskreuz markiert. Nach circa 1,5 km befindet sich links eine Schutzhütte ❹ (km 8,8). Kurz darauf verlassen Sie den Höhenweg und biegen links ab.

Rechts schimmern die Gebäude der Odenwaldklinik (auf Wegweisern und in Karten auch Ernst-Ludwig-Klinik oder Klinik Hardberg) durch. Sie folgen weiter dem Andreaskreuz halb rechts.

An der übernächsten Kreuzung geht es halb links. Wenn Sie aus dem Wald heraustreten, stehen Sie unterhalb der Burganlage. Links sehen Sie die Häuser von Hainstadt, am Hang befindet sich ein schönes altes Gehöft und geradeaus bekommen Sie einen ersten Blick auf die Burg. Es folgt ein Stellplatz, hinter dem Sie links den eine Idee längeren Weg mit schönem Blick in das Tal Richtung Hainstadt nehmen. Hier kommen Sie auch an den großen, hölzernen Fliegenpilzen vorbei. Den anderen Weg kommen Sie später zurück.

Sie laufen immer weiter um die Burg herum, bis Sie zur **Riesenrutsche** gelangen. Hier steigen Sie die Treppen hinauf und gelangen zum Haupteingang. Durch das Tor und über die Brücke gelangen Sie in den Burghof der **Burg Breuberg ❺** (km 12,5). Dort befindet sich die Burgschänke, dahinter geht es weiter zur Jugendherberge (☏ 061 65/34 03, Jh-burgbreuberg@jugendherberge.de). Von der Burg haben Sie einen schönen Ausblick über das Mümlingtal.

✕ Burgschänke, Burg, 64747 Breuberg, März-Nov Mi-So 11:00-18:00, Dez Fr-So 11:00-17:00, Kleinigkeiten aus der eigenen Küche für hungrige Wandersleute, Ausflüglerinnen und Ausflügler mit Biergarten im Burghof

⌘ Breuberg-Museum, burgfuehrungen@burg-breuberg.de, Eintritt: € 5, ermäßigt € 3, Familien € 12, Sa-So 11:30-16:30, Führungen alle halbe Stunde, Dauer 45 Min.

Bei der Burg Breuberg handelt es sich um eine große, gut erhaltene Burganlage. Sie liegt auf einem Hügel oberhalb der Mümling. Aus rotem Sandstein erbaut hebt sie sich von dem Grün der Bäume gut ab. Die Kernburg stammt aus der Stauferzeit und wurde um 1200 erbaut. Im 15. und 16. Jahrhundert wurde die Burg ausgebaut und der Burggraben angelegt. In der Renaissance war sie Sitz eines Grafen. Eine beeindruckende Stuckdecke im Inneren zeugt von seiner Bautätigkeit.

burg-breuberg.de

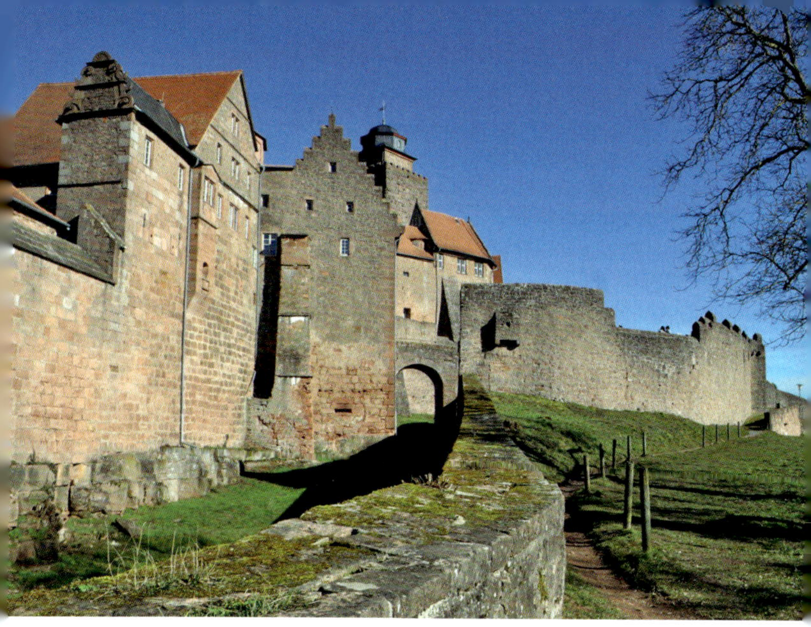

Burg Breuberg

Beim Verlassen der Burg halten Sie sich direkt an der Burgmauer rechts und folgen der Treppe mit weißem Stahlgeländer hinab. Unten angekommen geht es gegenüber rechts hinab zurück zum Parkplatz. Achten Sie auf die vier Holzstelen. Hinter diesen geht es nach links. Sie treffen direkt wieder auf die Straße und nehmen gegenüber die Treppe hinunter.

Sie queren die Straße erneut. Bei nächster Gelegenheit queren Sie an der ⩪ Bank die Straße nochmals und folgen dem, ein Stück weiter rechts, geradeaus führenden Sträßchen zwischen den Obstwiesen und Pferdekoppeln entlang. Zurück haben Sie einen schönen Blick auf die Burg. Sie treffen auf die Hauptstraße.

↳ Hier befindet sich die Bushaltestelle „Breuberg-Sandbach Tiergarten". Sie haben die Möglichkeit, zweimal stündlich nach Höchst zur Odenwaldbahn, die auch in „Groß-Umstadt Wiebelsbach" hält, zu fahren.

Der Weg folgt der Hauptstraße Richtung Rathaus. Rechts vom Rathaus befindet sich der **Marktplatz ❻** (km 14,5) vom Ortsteil Sandbach mit einzelnen kleinen Geschäften und Einkehrmöglichkeiten.

Bäckerei Stapp, Café am Markt, Ernst-Ludwig-Straße 6, 64747 Breuberg, 061 63/33 47, Baecker.Stapp@t-online.de, baecker-stapp.de, Mo-Fr 6:30-18:00, Sa 6:30-12:00, So 8:00-16:00

Es Lämmche, Ernst-Ludwig-Straße 5, 64747 Breuberg, 061 63/33 12, eslaemmche@web.de, eslaemmche.de, auf Anfrage, aktuell nur zum Mitnehmen

Vom Marktplatz kommend laufen Sie rechts um das Rathaus herum und den Kirchberg hinauf. Oben an der Kirche halten Sie sich links und folgen der Straße am Freibad und den Sportplätzen aus dem Ort hinaus.

Schwimmbad Breuberg, Schwimmbadstraße 34, 64747 Breuberg, 061 63/42 70, breuberg.de, Mo-So 9:00-20:00, Eintritt: € 3,50, ermäßigt € 1,80

Im Wald geht es steil bergauf. Sie laufen immer geradeaus. Der Weg macht eine Linkskurve. Es kommt ein Weg von links und Sie laufen weiter geradeaus. Oben angekommen treffen Sie auf einen auch als Radweg ausgewiesenen Weg, diesem folgen Sie nach rechts. Zudem gibt es die Wanderwegmarkierung blaues Kreuz auf weißem Grund, welcher Sie fast bis zur Bahnstation folgen.

An der nächsten Kreuzung steht die Hirsenberg-Hütte, eine Schutzhütte. Hier gehen Sie nach links. Im Folgenden gehen von Ihrem Weg rechts und links insgesamt vier Wege ab. An der T-Kreuzung, wo Steinerwald und Groß-Umstadt nach rechts ausgeschildert sind, folgen Sie diesem Weg, um dann gleich wieder links abzubiegen.

Dann geht es ein ganzes Stück geradeaus. Irgendwann ist das Gelände links des Weges eingezäunt. Dahinter befindet sich ein Naturschutzgebiet. Am höchsten Punkt geht rechts ein Weg ab. Sie befinden sich am **Burzelberg** ❼ (km 19,3). Ab hier geht es kontinuierlich bergab. Wenn Sie aus dem Wald heraustreten, können Sie links auf der anderen Seite der Bundesstraße die Bahnstation sehen. Das letzte Stück laufen Sie auf dem Weg zurück, den Sie gekommen sind.

Im Herzen des Odenwaldes und an der Bergstraße

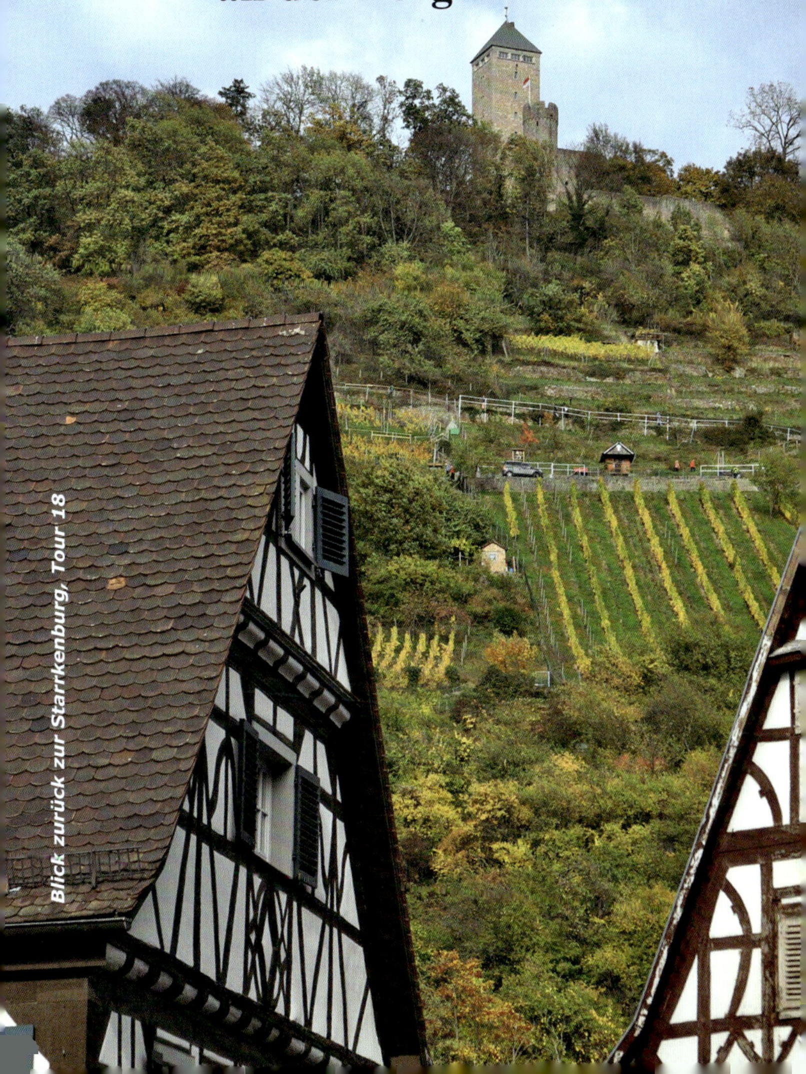

Blick zurück zur Starrkenburg, Tour 18

6 Auf dem Europäischen Fernwanderweg E1 vom Felsenmeer nach Ober-Ramstadt

Tour für Liebhaberinnen und Liebhaber von weiten Ausblicken (👪) (🛒)

Die hier ausgewählte Tour führt vom beeindruckenden Felsenmeer, mit Ausblicken in die Rheineben, zur Frankfurter Skyline und über die sanften Täler des Odenwalds, nach Ober-Ramstadt. Während ich es in der Regel vorziehe, Richtung Süden der Sonne entgegenzulaufen, schlage ich hier ausnahmsweise vor, von Süden nach Norden zu wandern. Das hat den Vorteil, dass Sie am belebten Felsenmeer mit einem steilen Aufstieg beginnen und es mit zunehmender Höhe ruhiger wird, um dann über weite Teile des leicht bergab führenden Weges den Blick über die Landschaft genießen zu können. Es handelt sich um ein Teilstück des durch den Odenwald führenden E1. Der Europäischen Fernwanderweg E1 quert Europa in Nord-Süd-Richtung. Er führt auf ca. 8.000 km Länge vom Nordkap in Norwegen nach Süditalien.

→ Start: Lautertal, Bushaltestelle „Reichenbach-Markt“,
GPS N 49°42.681' E 008°41.492', Ziel: Ober-Ramstadt, Bahnhof,
GPS N 49°49.923' E 008°44.567'

⊃ 17,4 km

⧗ 4 Std.

↑↓ 456 m/544 m

⇧ 202-514 m

✎ grünes Kreuz auf weißem Grund (E1) sowie am Anfang rotes N auf weißem Grund (Nibelungensteig)

Diese Tour beginnt mit einem ordentlichen Anstieg (300 m) und führt dann überwiegend über asphaltierte Straßen in exponierter Lage – denken Sie an weiche Sohlen und rechnen Sie mit ggf. erheblichem Wind.

✕ in Reichenbach (ab km 0), Kiosk Felsenmeer-Informationszentrum (km 1,2) und Kiosk auf halber Höhe (km 2,5), Restaurant Ada's Buka oben am Felsberg (km 3,2), Restaurant und Laden Kuralpe Kreuzhof (km 4,1), Gaststätte Zum Talblick (bei km 5,5 ↳ 0,8 km), Gaststätte Naturfreundehaus Ober-Ramstadt (bei km 14,8 ↳ 0,6 km), Ober-Ramstadt (ab km 16,6)

Biobauernhof (km 9,8), Bäckerei in Frankenhausen (km 10,6), Käseladen (km 16,7)

Felsenmeer (km 1,2-2,7), Bank (km 11), August-Kehr-Hütte (km 14), Rathausplatz Ober-Ramstadt (km 16,7)

Mit Kindern wäre mir die Tour zu lang. Das Felsenmeer ist aber definitiv auch für Kinder eine tolle Attraktion und in der kürzen Variante vielleicht auch machbar.

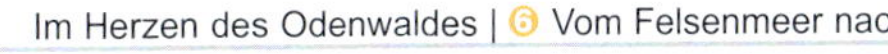

Nach dem steilen Aufstieg über Treppen, den Sie umgehen können (☞ Karte am Eingang zum Felsenmeer mit barrierefreier Wegeführung), folgt ein Stück auf schmalen Pfaden bergab. Der restliche Weg führt auf dem Hochplateau leicht bergab über Straßen und feste breite Wege, die sich für den Buggy eignen.

lange Strecken über Asphalt und feste Beläge sind für die Vierbeiner nicht attraktiv

Anfahrt: Bus 665 von Bensheim stündlich, Bussteig 4

Rückfahrt: von Ober-Ramstadt zweimal stündlich über Darmstadt nach Frankfurt

Sie können nahe dem Start, Parkplatz am Felsenmeer, als auch am Ziel, Parkplatz am Bahnhof, das Auto abstellen. Die Strecke dazwischen mit dem Zug über Darmstadt nach Bensheim und weiter mit dem Bus zum Start dauert etwa anderthalb Stunden.

nur zum Kuralpe Kreutzhof und von dort mit dem Bus weiter 4,5 km

Von der Bushaltestelle gehen Sie zunächst in Fahrtrichtung Richtung Nordosten weiter, um dann gegenüber der Kirche an einem kleinen Platz dem „Fußweg zum Felsenmeer" zu folgen. Ebenfalls ausgewiesen sind der Rundweg und Nibelungensteig. Später ist auch der E1 mit dem grünen Kreuz auf weißem Grund ausgeschildert. Besser markiert ist der Nibelungensteig (rotes N auf weißem Grund), dem Sie im Zweifelsfall folgen. Der Weg führt über den Seifenwiesenweg leicht ansteigend zum Felsenmeer-Informationszentrum am Fuße des **Felsenmeers ❶** (km 1,2).

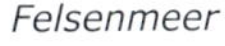
Felsenmeer

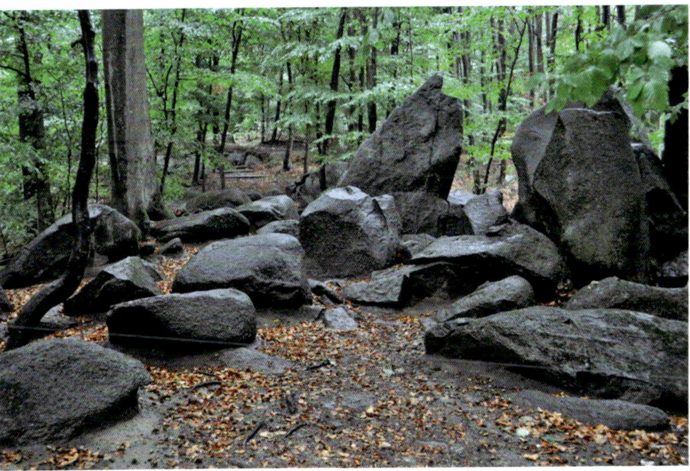

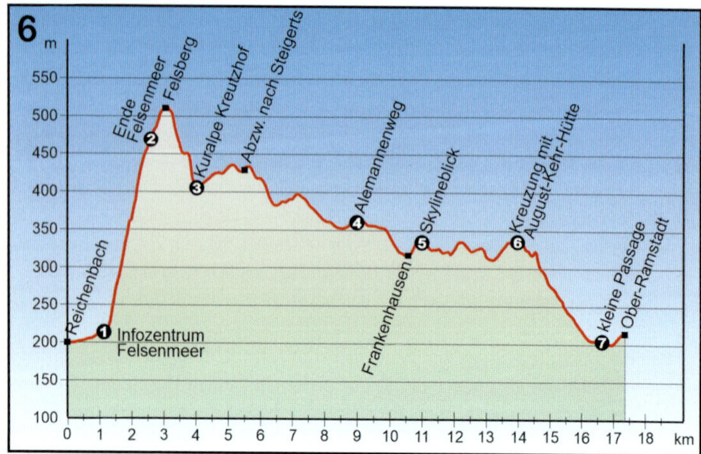

☺ Sammeln Sie drei Holzstücke und drei Steine, dann können Sie am Informationszentrum die Römische Rundmühle ausprobieren. Ein Spielanleitung gibt es dort.

Felsenmeer-Informationszentrum, Am Felsenmeer 3, 64686 Lautertal, ☎ 062 54/94 01 60, information@felsenmeer.eu, felsenmeer-zentrum.de, Dauerausstellung zum Felsenmeer, April-Okt Di-So 10:00-17:00, Nov-März Sa-So 11:00-16:00, pandemiebedingt ggf. eingeschränkt, Eintritt kostenlos

Kiosk Koboldklause im Informationszentrum, Seifenwiesenweg 59, 64686 Lautertal, ☎ 062 54/94 01 61, austkornelia@aol.com, koboldklause.de, Di-So 10:00-18:00

Der Sage nach bewarfen sich zwei Riesen mit Steinen. Einer hatte deutlich mehr Steine zur Verfügung. Daher wurde der andere unter den Steinen begraben und es entstand ein Meer von Felsen. Wahrscheinlicher ist, dass das Felsenmeer aufgrund von geologischen Prozessen vor rund 340 Millionen Jahren entstand, als zwei Kontinente aufeinander zudrifteten und sich der Odenwald auftürmte. In der folgenden Eiszeit wurde das festere, granitähnliche Gestein freigespült. Mit Steinwerkzeug bearbeitete Felsbrocken zeugen von der Nutzung durch die Römer. Weitere Informationen gibt es im Informationszentrum. Es werden Führungen angeboten. Es gibt auch eine Tour für junge Forscherinnen und Forscher ab 5 Jahre mit dem Kobold Kieselbart, felsenmeerdrachen.de.

Der Weg führt am Felsenmeer auf der rechten Seite entlang in mehreren Bögen hinauf. Er ist mit hölzernen Trittstufen gut ausgebaut. Eine beliebte Alternative ist, die Felsen direkt hochzuklettern. Der Nibelungensteig ist weiterhin häufiger ausgewiesen als der E1. An der Rasthütte wird das Felsenmeer über eine hölzerne Brücke nach links gequert.

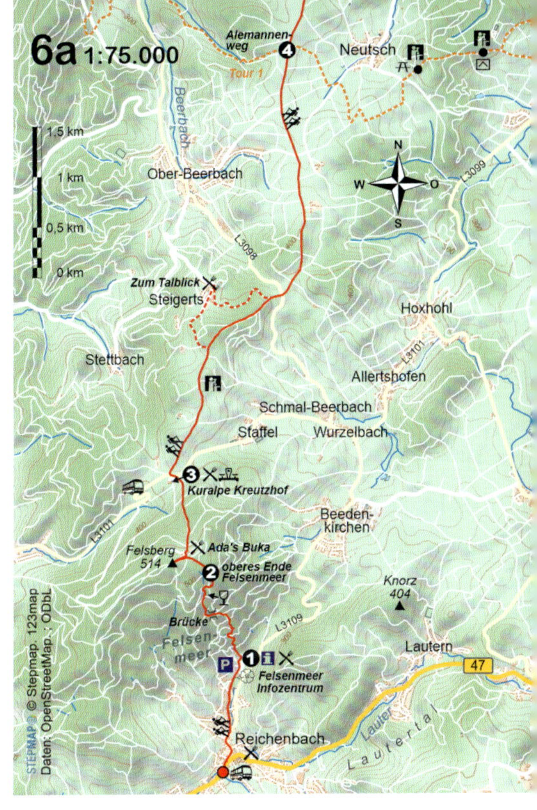

Anfang 2022 war die Brücke aufgrund von Baumängeln bis auf Weiteres gesperrt. Sie können auch den Weg rechts des Felsenmeers nehmen und bei nächster Gelegenheit wieder links abbiegen.

Hier ist der E1 Richtung Felsberg Ohlyturm und Kuralpe ausgewiesen. Sie bleiben nun ein Stück links vom Felsenmeer und steigen an diesem auf, sodass es rechter Hand von Ihnen immer wieder zwischen den Bäumen auftaucht. Am Kiosk (km 2,5) queren Sie das Felsenmeer erneut.

Kiosk Felsenmeer, (Nähe Riesensäule), 64686 Lautertal, 01 62/100 46 46,
April-Okt Sa-So und in den hessischen Ferien bei schönem Wetter 10:30-16:30

Nach einem nächsten Bogen erreichen Sie das obere Ende des Felsenmeeres ❷ (km 2,7). Am Wegweiser ist wieder nur der Nibelungensteig ausgewiesen, dem Sie hier auch weiter folgen. Es geht noch wenige Meter bis zum **Felsberg** (514 m) hinauf.

Oben angekommen führt der Weg nach links über den Parkplatz zum ⌘ **Ohlyturm** von 1901. Leider kann der Turm nicht bestiegen werden. Dann gehen Sie zurück und nach links, um zum ✕ Restaurant Ada's Buka mit Biergarten zu gelangen.

✕ Ada's Buka, Felsberg 3, 64686 Lautertal, ☏ 062 54/13 49, Sa-So 11:00-22:00, regionale und afrikanische Speisen

Hinter dem Restaurant führt rechts ein schmaler Pfad wieder hinab. Hier haben Sie bei guten Sichtverhältnissen einen ersten Blick auf die Skyline von Frankfurt. Am Wegweiser verlassen Sie den Hohlweg nach rechts und folgen diesem parallel den Berg hinab. Der Weg führt durch schönsten Buchenwald. An der nächsten Lichtung wird der Blick freigegeben zum Anwesen der **Kuralpe Kreutzhof** ❸ (km 4,1), das Sie an einer Straße erreichen.

✕ Kuralpe Kreuzhof, Kuralpe 2, 64686 Lautertal, ☏ 062 54/951 50, info@kuralpe.de, kuralpe.de, 12:00-21:00, großer Spielplatz und ein Hofladen mit eigenen und regionalen Produkten

Die Straße nach links runter befindet sich in 400 m die Bushaltestelle „Seeheim-Jugenheim-Balkhausen Im Winter". Von dort verkehrt stündlich das Ruftaxi AST SJ2. Eine Reservierung 30 Min. im Voraus unter ☏ 062 57/22 27 ist erforderlich. Sie gelangen mit diesem an die Straßenbahn zwischen Seeheim-Jugenheim und Darmstadt.

Um zum Ausgangspunkt zu gelangen, nehmen Sie die Tram 8 bis nach Alsbach, steigen in den Bus 670 nach Bensheim und nehmen dort den Bus 665 nach Reichenbach Markt – Fahrtzeit 1 Std. 40 Min.

An der Kuralpe queren Sie die Straße und folgen die nächsten Kilometer der **Hutzelstraße**, die auch als Radweg ausgewiesen ist. Das Asphaltsträßchen, zunächst bestanden mit Eichen und Kirschbäumen, führt über den Höhenrücken. Genießen Sie den Ausblick über die sanfte Hügellandschaft und die Täler hinab.

Rechter Hand haben Sie einen schönen Blick auf die Neunkircher Höhe (☞ Tour 9), die mit 605 m höchste Erhebung im hessischen Teil des Odenwaldes. Links können Sie in die Rheinebene hinabsehen. Der Weg führt geradeaus zum Waldrand. Hier halten Sie sich rechts, während es links zur Gaststätte Zum Talblick und zur Burg Frankenstein geht.

Diesen kleinen, 800 m langen Abstecher zur Gaststädte Zum Talblick in Steigerts kann ich für das Mittagessen empfehlen. Folgen Sie dem Waldrand und gehen an der nächsten Gabelung nach rechts. Die Gaststätte befindet sich am Ende von Steigerts. Hier gelangen Sie nach rechts über den Radweg auch wieder zum E1 zurück.

Zum Talblick, Ohlystraße 3, 64342 Steigerts (Seeheim-Jugenheim), 062 57/819 81, zum-talblick@gmx.de, zum-talblick.de, Mi-So 11:00-24:00

Die Asphaltstraße geht in einem Forstweg über und wird beim Verlassen des Waldes wieder zu einer asphaltierten Straße, der Sie halb rechts folgen, und Sie treffen auf eine Landesstraße (km 6,5).

Sie queren eine Straße mit Autoverkehr, die schwer einsehbar ist.

Hinter einer der nächsten Kurven tauchen Windräder auf und die Skyline von Frankfurt wird wieder sichtbar. Der Weg führt weiter geradeaus über den Höhenrücken. Von links kommt der **Alemannenweg** 4 (km 9), welcher aber direkt rechts wieder abgeht. Bevor Sie die Häuser des nächsten Ortes erreichen, liegt links ein Biobauernhof (km 9,8), dessen Produkte, wie Eier und Fleisch, Sie nach telefonischer Terminvereinbarung direkt erwerben können.

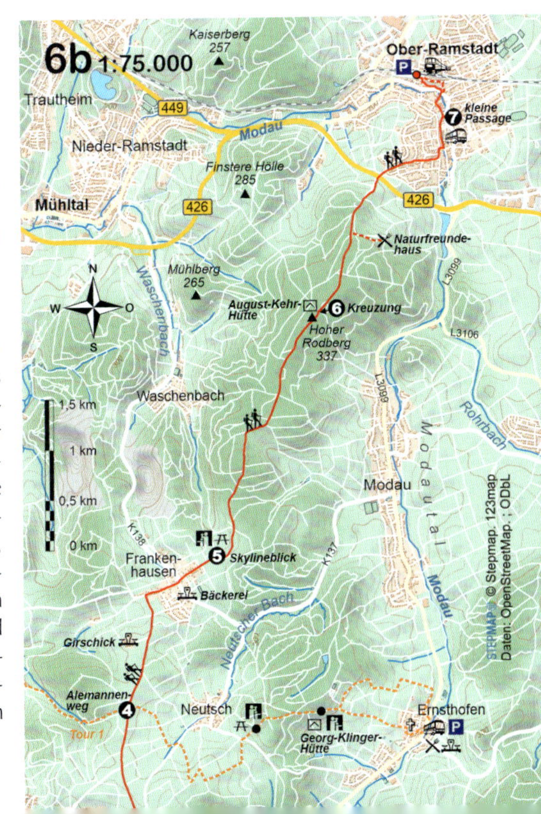

Biobauernhof Girschick, 64367 Mühltal, ☏ 061 67/17 07, 01 79/657 96 52, info@biohof-girschik.de, biohof-girschick.de, Termin nach telefonischer Vereinbarung

Sie gelangen nach Frankenhausen, einem Ortsteil von **Mühltal**, und folgen der Felsbergstraße nach rechts. Sie treffen auf die Hauptstraße des Ortsteils (km 10,6). Rechts befindet sich eine Bäckerei.

Bäckerei, Zeilstraße 7, 64367 Mühltal, ☏ 061 67/265, Mo-Fr 5:30-12:00, 14:30-18:00, Sa 6:30-12:00

Der Weg führt wenige Meter auf der Hauptstraße nach links und dann wieder rechts den Hügel hinauf. Sie kommen an der Feuerwehr und der Kirche mit Friedhof vorbei. Beim Verlassen des Ortes gibt es eine Bank ❺ (km 11) und links haben Sie einen herrlichen Blick auf die Skyline von Frankfurt.

An der Gabelung laufen Sie links. An der nächsten Kreuzung geht es halb rechts in den Buchenwald. Sie verlassen die Asphaltstraße und laufen auf der Forststraße weiter. Rechts des Weges liegt ein Feld. An diesem laufen Sie entlang und nehmen den zweiten Weg nach links. Nun geht es ein gutes Stück immer geradeaus. Sie kommen an einer großen Kreuzung ❻ (km 14) mit einem Rastplatz in der August-Kehr-Hütte vorbei. Auch hier geht es geradeaus. Es begleitet Sie der Waldthemenpfad Breitenstein.

800 m später ist rechts das Naturfreundehaus ausgewiesen. Dieses hat eine Gaststätte mit Biergarten und liegt nur 300 m entfernt.

Gaststätte Naturfreundehaus, Breitensteinweg 100, 64372 Ober-Ramstadt, ☏ 061 54/17 51, hallo@naturfreundehaus-ober-ramstadt.de, naturfreundehaus-ober-ramstadt.de, Mo, Di, Do u. Fr 11:00-22:00, Sa 14:00-22:00, So 11:00-21:00

Hinter dem Naturparkplatz nehmen Sie den Fußweg rechts oberhalb der Hohlstraße. Sie queren eine Bundesstraße über eine Brücke und erreichen die ersten Häuser von **Ober-Ramstadt**. Der Breitensteinweg führt Sie in die Stadt. An der T-Kreuzung laufen Sie nach links und bei nächster Gelegenheit nach rechts, um direkt wieder links in den kleinen Fußweg entlang eines Bachlaufes einzubiegen. Diesem folgen Sie. Rechts befindet sich ein Parkplatz, dann kommt das schöne alte Gebäude der Stadtbibliothek und das Restaurant mit neu angebautem Treppenhaus.

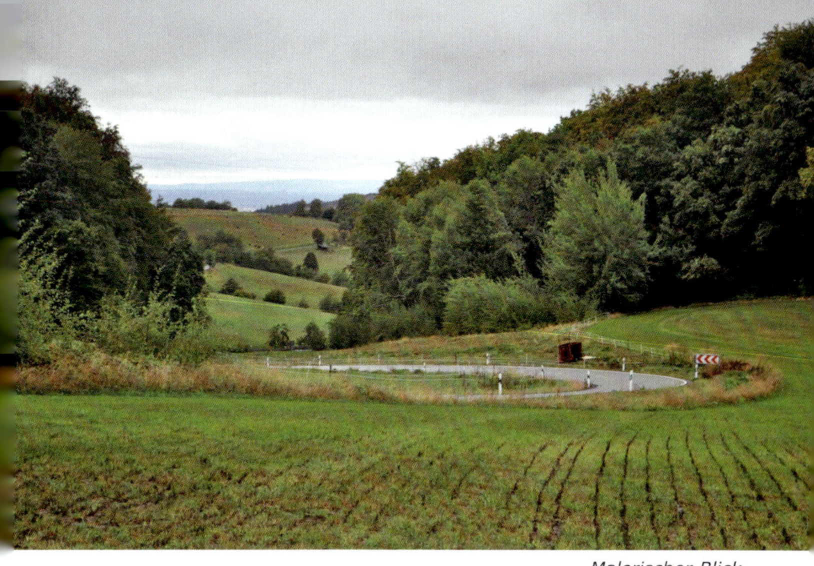

Malerischer Blick

Es folgt ein kleiner Abzweig zum Rathausplatz und eine kleine Passage ❼ (km 16,7). Der kleine Käseladen hat auch lokale Produkte und Feinkost im Angebot.

Die Käseecke, Hammergasse 3, 64372 Ober-Ramstadt, ☏ 061 54/696 78 30, kaeseecke-ober-ramstadt@t-online.de, käse-ecke.de, Mi-Fr 9:00-18:30, Sa 8:30-13:00

Vom Rathausplatz bestehen regelmäßig Busverbindungen nach Darmstadt.

Der E1 führt weiter am Bachlauf entlang. Links gibt es eine Villa mit öffentlich zugänglichem Park. Sie treffen auf die Leuschnerstraße, der Sie nach links folgen, um dann gleich rechts abzubiegen. An der großen Kreuzung führt der E1 halb links die Bahnhofstraße hinauf. Rechter Hand liegt der Bahnhof. Der Zugang zu den Gleisen ist etwas versteckt, links von dem Aufgang der Fußgängerbrücke in den höher gelegenen nördlichen Stadtteil.

Die Bahnhofstraße läuft sich nicht schön. Wenn Sie mögen, laufen Sie an der großen Kreuzung noch ein paar Meter geradeaus und biegen erst dann links ab. Sie gelangen über eine Treppe zur Hügelstraße, der Sie nach links zum Bahnhof folgen.

7 Pilgerweg St. Jost im Fischbachtal

Tour für wanderfreudige Pilgerinnen und Pilger mit Raum für Besinnung

Dieser Pilgerweg führt durch das Fischbachtal. Der Weg ist mit Stationen als ökumenischer Meditationsweg ausgebaut. Die Waldkapelle St. Jost ist die erste Station, die Sie erreichen, und sie ist namensgebend für den Weg. Bei der hier gewählten Variante handelt es sich um die kurze Strecke über Billings im Tal. Weiter Informationen zum Pilgerweg und den Stationen finden Sie unter st-jost.fischbachtal.de. Es erwartet Sie eine sehr abwechslungsreiche Tour durch Wald, Feld und die vielen kleinen Ortsteile von Fischbachtal. Immer wieder haben Sie einen großartigen Blick auf das Schloss Lichtenberg (☞ Tour 2).

- Start/Ziel: Ortsteil Niedernhausen in der Gemeinde Fischbachtal, Bushaltestelle „Fischbachtal-Niedernhausen Linde“, GPS N 49°46.177’ E 008°48.805’
- 18,8 km
- ca. 5 Std.
- ↑↓ 620 m/620 m

Waldkapelle St. Jost

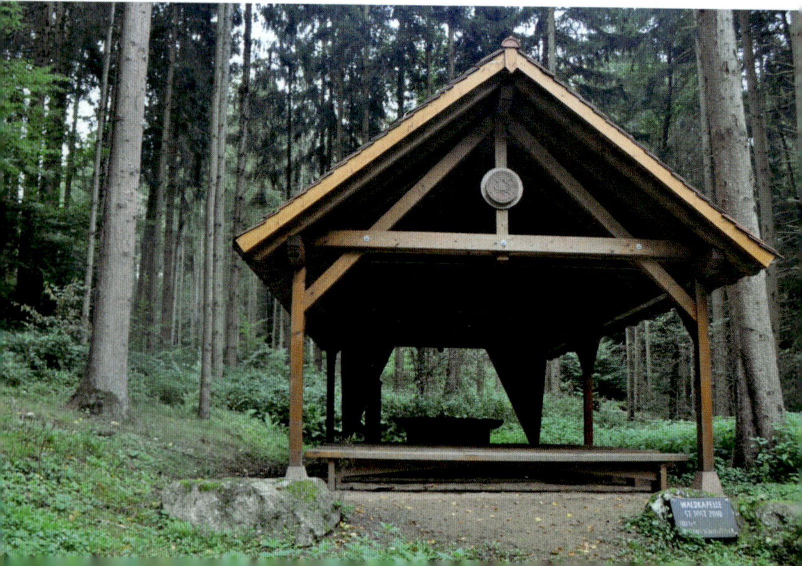

⇧ 147-488 m

✎ Der Weg ist als Rundweg mit J1 und das Verbindungsstück mit JV gekennzeichnet.

Der Weg führt abwechslungsreich über sowohl schmale Pfaden als auch breite Forstwege.

Nonrod (bei km 4,7 ↳ 0,75 km) Steinau (km 10), Niedernhausen (bei km 18,5 ↳ 0,2 km)

Metzgerei (km 0), Hofladen (km 17,3)

Es gibt eine Vielzahl von Bänken und Rastmöglichkeiten entlang des Weges.

Kurzweilige Tour, die auch Kindern viel bietet, aber aufgrund der Länge und Höhenmeter nur für wenige Kinder machbar sein wird.

Es gibt immer wieder sehr schmale Pfade und Steilstücke, die sich mit dem Buggy nicht befahren lassen.

Der Weg führt überwiegend über weichen Untergrund. In den Ortsteilen gibt es meist einen Bachlauf als Trinkmöglichkeit.

Anreise: Bus MO2 von Reinheim (Odw.) Bahnhof zur Bushaltestelle „Fischbachtal-Niedernhausen Linde" alle 120 Min., Reinheim erreichen Sie mit der Odenwaldbahn von Darmstadt, Frankfurt oder Erbach.

P Parken können Sie am Wanderparkplatz Ruhehain. Dieser befindet sich auf der rechten Seite, wenn Sie aus Niedernhausen über die Nonroder Straße hinausfahren. Von hier starten Sie mit einem schönen Blick auf das Schloss Lichtenberg und gehen hinunter in den Ort (400 m und ↓ 36 m). Alternativ können Sie am Parkplatz Riedbusch 7 parken und die Tour von dort beginnen.

↳ entlang der Hauptroute hinauf zur Neunkircher Höhe (☞ Tour 9), ohne bei Billings ins Tal abzusteigen, 21 km

Von der Bushaltestelle starten Sie auf der Hauptstraße Richtung Nordosten in den Ortskern von Niedernhausen zur Kirche. Linker Hand befindet sich eine Metzgerei.

Metzgerei Ritter, Freier Platz 15, 64405 Fischbachtal-Niedernhausen,
☎ 061 66/80 70, Mo-Sa 8:00-12:30, Mo, Di, Do, Fr auch 15:00-18:00

An der Kirche, noch vor der Sparkasse, biegen Sie rechts in einen kleinen Fußweg ein. Weiter geht es nach links am Fischbach entlang bis zur nächsten Straße, der Sie ein Stück nach rechts aus dem Ort folgen. Der Weg ist als Rundweg mit ✎ J1 gekennzeichnet. Die Kapelle St. Jost ist ausgeschildert. Am nächsten Wegweiser geht es nach links über den Nonroder Bach und dann rechts das Tal hinauf. Sie finden rechter Hand eine Bank von Hessen-Forst und halten sich dort links. Sie erreichen die ✝ **Waldkapelle St. Jost 1** (km 1,8).

Links von der Kapelle gehen Sie den Pfad hinauf und treffen auf eine Forststraße, der Sie nach rechts folgen. Es geht in Serpentinen hinauf und an der nächsten Kreuzung folgen Sie dem Weg nach rechts. Sie laufen auf einen Wegweiser mit reichlich Angaben zu und gehen auf dem breiten Forstweg nach rechts. An der nächsten Kreuzung gehen Sie auch wieder nach rechts. Es folgt ein langes gerades Stück. Sie gelangen zum Bestattungswald 12 Apostel ❷ (km 4).

Dahinter treten Sie aus dem Wald hinaus. Rechts im Tal befinden sich der Ortsteil Fischbachtal und das Schloss Lichtenberg. Links haben Sie einen schönen Blick über die Berge des Odenwaldes. Sie erreichen die **Nonroder Höhe** ❸ (km 4,7). Rechts befindet sich der Ortsteil Nonrod, der für sein jährlich im Juli oder August stattfindendes Musikfestival Nonstock (💻 nonstock.de) bekannt ist. Im Ort gibt es einen Gasthof mit Odenwälder Küche.

➯ Die Straße hinab in 750 m Entfernung befindet sich auf der rechten Seite das Restaurant Zum Rodenstein.

✕ Zum Rodenstein, Rodensteiner Straße 18, 64405 Fischbachtal-Nonrod, ☎ 061 66/278, 💻 zum-rodenstein.de, 🚪 Mi-Mo 11:00-21:00, es wird aktuell (Stand Anfang 2022, coronabedingt) um telefonische Reservierung gebeten.

Der Weg führt geradeaus den Hang noch ein Stück weiter hinauf. Von oben haben Sie einen genialen Rundumblick und können bei entsprechender Sicht zum Taunus und der Frankfurter Skyline sowie nach Hanau und zum Kraftwerk Staudinger schauen. Sie queren ein kurzes Waldstück und blicken rechts auf die Häuser von Messbach. Weiter geht es durch den Wald.

✋ Sie laufen auf eine Bank mit Tisch zu. Der Forstweg führt im Rechtsbogen weiter. Sie nehmen den kleinen Pfad geradeaus in den Wald hinein.

Nach wenigen Metern gelangen Sie zu einem Wegweiser. Hier verlassen Sie die Hauptroute des Pilgerweges und laufen geradeaus auf dem als Verbindungsstück mit ✎ JV gekennzeichneten Weg weiter.

➯ Die Hauptroute führt über den Kaiserturm, die Neunkircher Höhe und Neunkirchen (siehe auch ☞ Tour 9) sowie weiter an Lützelbach vorbei zum Waldrand oberhalb von Billings (☞ siehe nachfolgend).

Sie erreichen den Felsen **Rimdidim** ❹ (km 7,4). Es ist die höchste Erhebung in Fischbachtal und dieser Wanderung mit 498 m. Dahinter halten Sie sich zweimal halb links.

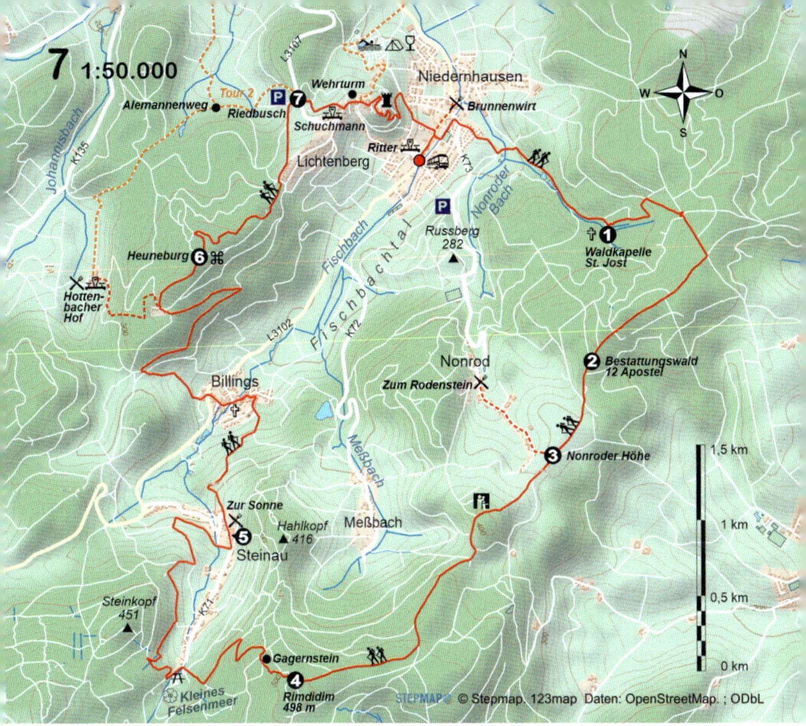

7 1:50.000

N
W
O
S

Niedernhausen
Wehrturm
Alemannenweg
Riedbusch
Tour 2
L3107
Schuchmann
Brunnenwirt
Ritter
Lichtenberg
K73
K135
Johannisbach
Nonroder Bach
Russberg 282
1 Waldkapelle St. Jost
6 Heuneburg
Hottenbacher Hof
Fischbach
Fischbachtal
L3102
K72
Nonrod
Zum Rodenstein
2 Bestattungswald 12 Apostel
Billings
3 Nonroder Höhe
Meßbach
Zur Sonne
5
Hahlkopf 416
Steinau
Steinkopf 451
K71
Gagernstein
4 Rimdidim 498 m
Kleines Felsenmeer
1,5 km
1 km
0,5 km
0 km

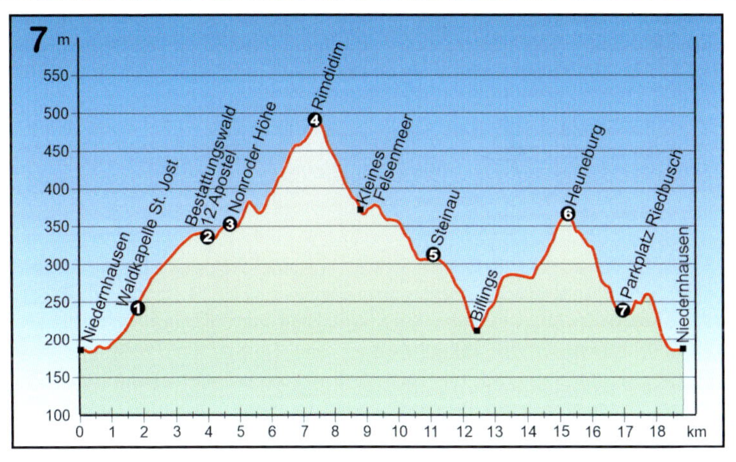

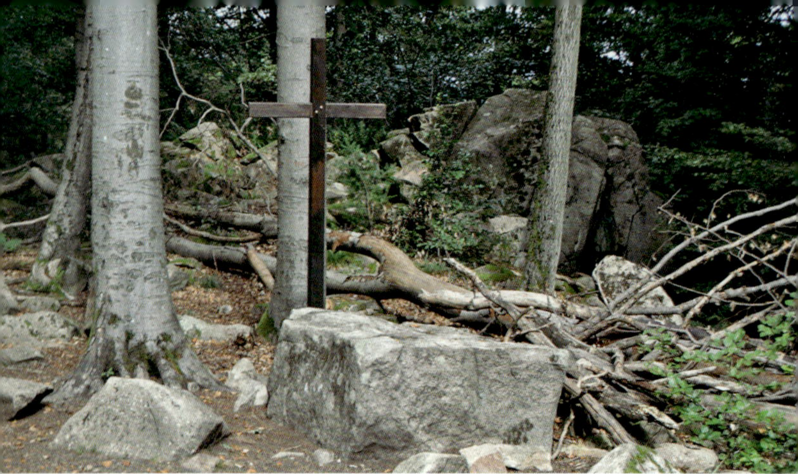

Rimdidim

Es geht ins Tal hinab. Rechts am Weg befindet sich der Gagernstein, ein Fels mit Inschrift, der an den Natur- und Jagdschriftsteller Friedrich von Gagern erinnert. Sie treffen auf eine Forststraße, der Sie wenige Meter nach rechts folgen, um dann wieder links auf einen Pfad einzubiegen. Es folgt eine Rechts-links-Kombination. Sie sehen die obersten Häuser von Steinau und biegen als Nächstes wieder rechts ab. Links befindet sich das ❀ **Kleine Felsenmeer** und es gibt hier den **Naturerlebnispfad Steinau**, wo Sie barfuß die Materialien das Waldes erkunden können. Sie queren einen Parkplatz und gehen links aus dem Ort hinaus. Hinter den Häusern biegen Sie direkt wieder rechts ab. Zwischen den Bäumen schimmert rechts das Schloss Lichtenberg durch.

✋ Links steht eine Bank. Dort biegen Sie im spitzen Winkel rechts ab, um am Waldrand entlangzulaufen. Wenn Sie am Wegweiser Richtung Lützelbach sind und die Markierung JV fehlt, sind Sie zu weit gegangen und haben den Abzweig verpasst.

Sie laufen parallel zum Ortsteil Steinau. Wenn der Weg sich zunehmend entfernt, biegen Sie als Nächstes rechts ab und laufen auf eine Bank oberhalb der Grundstücke des Ortes zu. Hier biegen Sie links ab. Sie folgen der Asphaltstraße, bis in der Linkskurve eine weitere Bank steht. Dort biegen Sie rechts in den Feldweg ein, der Sie zurück zur Hauptstraße von Steinau führt. Dieser folgen Sie wenige Meter links hinab. Sie kommen an der Alten Schule von Steinau ❺ (km 10) vorbei. Gegenüber befindet sich ein Gasthof.

Zur Sonne, Hauptstraße 52, 64405 Fischbachtal-Steinau, 061 66/254, Fr-Mi 11:30-14:00, 17:30-21:00, bitte telefonisch reservieren, gutbürgerliche Küche mit gemütlicher Gaststube

An der ersten Kurve verlassen Sie die Straße und laufen auf dem Feldweg geradeaus weiter. Der Weg macht eine Rechtskurve und führt dann ins Tal hinunter nach Billings. Sie treffen auf die Meßbacher Straße, der Sie nach links folgen. An der nächsten Kreuzung können Sie links einen Abstecher zur **Schnecken-Kapelle** mit ihrer auffälligen Architektur machen. Der Weg führt geradeaus auf der anderen Talseite wieder hinauf. An Obstbäumen entlang gelangen Sie zum Waldrand und treffen auf die Hauptroute des Pilgerweges. Der Weg ist wieder mit J1 markiert. An der zweiten Kreuzung gehen Sie nach rechts in den Wald. Nach ca. 900 m geht es scharf links hinauf. Sie laufen nun bis zum Schloss Lichtenberg auf dem Pfad der Geschichte(n). An 20 Stationen informiert dieser über die Entstehung der Landschaft und Bebauung (weitere Informationen auf geo-naturpark.net).

In einem großen Schlenker führt der Weg hinauf Richtung Heuneburg.

An der Kreuzung mit den Gebäuden linker Hand können Sie geradeaus gehen, wenn Sie einen Abstecher zum Hottenbacher Hof machen wollen (einfacher Weg 950 m). Nehmen Sie dann den direkt links abzweigenden Pfad. Der von links kommende Weg bleibt unbeachtet. An der nächsten Kreuzung gehen Sie nach rechts. Sie laufen am Waldrand entlang und gehen an der Gabelung links zum Hof hinunter (Infos Tour 2, S.20).

Dem Wanderweg nach rechts folgend gelangen Sie zur **Heuneburg 6** (km 13,8). Es handelt sich um eine Wehranlage aus der keltisch-germanischen Zeit um 100 n. Chr. Ein Infoschild erläutert die Hintergründe. Hinter der Heuneburg geht es geradeaus und dann einmal halb links, bevor Sie rechts abbiegen. Der Weg führt zu einem Parkplatz und den ersten Häusern vom Ortsteil Lichtenberg. Sie laufen links an den Häusern vorbei und biegen nochmals links in den Wald ab. Sie gelangen zum Parkplatz Riedbusch 7 (km 17). Diesen und die dahinterliegende Landesstraße queren Sie nach rechts. Hinter der Scheune führt ein kleiner Pfad rechts hinauf Richtung Schloss. An der Feuerwache treffen Sie wieder auf die Landesstraße und folgen ihr wenige Meter nach links. Rechts befindet sich ein Hofladen.

Hofladen Schuchmann, Waldstraße 15, 64405 Fischbachtal-Lichtenberg, 061 66/83 78, lichtenberger-landwirtschaft.com, auf Anfrage

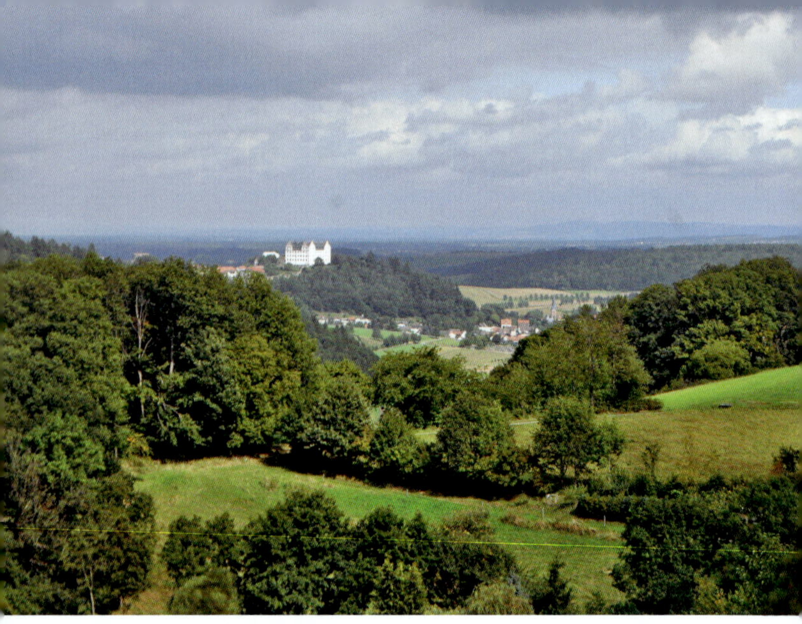

Blick auf Schloss Lichtenberg

Geradeaus gelangen Sie zur ♜ **Schloss Lichtenberg** (☞ Tour 2). Bevor Sie den Innenhof betreten, führt der Weg rechts unterhalb um das Schloss herum. Auf einem schmalen Pfad geht es in Serpentinen hinab zum Ortsteil Niedernhausen.

Über die Hindenburgstraße erreichen Sie die Kirche, unterhalb der Sie gestartet sind. Sie treffen wieder auf die Hauptstraße, an der sich rechts mit der Bushaltestelle der Ausgangspunkt befindet.

Gut 200 m nach links gibt es eine Einkehrmöglichkeit mit moderner Odenwälder Küche.

Landgasthof Brunnenwirt, Darmstädterstraße 45-49, 64405 Fischbachtal-Niedernhausen, ☎ 061 66/412, info@brunnenwirt.de, brunnenwirt.de, Di-Sa 12:00-14:00, 18:00-22:00, So 12:00-14:30, 18:00-21:00, es wird aktuell (Stand Anfang 2022, coronabedingt) um telefonische Reservierung gebeten.

8 Auf den Melibokus und zu den Schlössern

Sportliche Tour für Fans von Burgen und Gipfeln

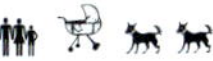

Diese Wanderung startet in Zwingenberg an der Bergstraße. Zunächst gehen Sie Richtung Nordosten zum Alsbacher Schloss, um dann auf den Melibokus zu wandern. Bei dem Melibokus handelt es sich mit 517 m um den höchsten Berg an der Bergstraße. Der weitere Weg führt Sie Richtung Süden zum Schloss Auerbach. Zurück geht es auf dem Blütenweg in Tallage.

Der Blütenweg führt an der Bergstraße zwischen den Weinbergen entlang, dort wo immer auch etwas blüht und viel Sonne hinkommt. Er ist weniger anspruchsvoll als der Burgensteig (☞ Wanderung 18), da er weiter unten am Hang verläuft und die meisten Gipfel und Anhöhen auslässt.

Start/Ziel: Zwingenberg (Bergstraße), Bahnhof, GPS N 49°43.568' E 008°36.550'

14,9 km

ca. 3 Std. 30 Min.

618 m/618 m

94-517 m

keine bzw. wechselnde Markierungen, teilweise auf dem Blütenweg (gelbes B auf weißem Grund)

Der Weg führt auf Forstwegen und weichen Waldpfaden durch das Gelände. Das letzte Teilstück auf dem Blütenweg ist überwiegend asphaltiert.

Burgschänke Alsbacher Schloss (km 3,4), Hütte am Melibokus (km 6,7), Burgschänke Schloss Auerbach (km 10,3), in Zwingenberg (ab km 14,2)

Am Weg gibt es eine Vielzahl von Rastmöglichkeiten.

Zwei Schlösser und ein Gipfel sind sicher tolle Attraktionspunkte, aber es handelt sich um eine relativ lange und anspruchsvolle Tour, die Kinder wahrscheinlich nur mit Unterstützung schaffen.

Der überwiegende Teil der Tour lässt sich gut mit dem Buggy befahren. An einigen Stellen sind die Pfade jedoch sehr schmal und uneben. Daher kann ich die Tour nur für geübte Wanderinnen und Wanderer mit geländegängigen Buggys empfehlen.

Überwiegend über Forstwege führend sollte die Tour auch für Vierbeiner eine große Freude sein. Zu berücksichtigen ist, dass die Tour zu beliebten Ausflugszielen führt und mit entsprechend vielen Menschen zu rechnen ist und dass der Abschnitt über den Blütenweg am Ende über Betonplatten bzw. Asphalt führt.

Zwingenberg wird von der RE 60 Frankfurt – Mannheim stündlich angefahren. Zusätzlich verkehren Regionalbahnen.

P direkt an der Station oder südlich des Bahnhofes an den Gleisen Höhe Scheuergasse

Von den Gleisen kommend halten Sie sich rechts und biegen in die Bahnhofstraße ein. Diese ist als Zubringer zum Burgensteig und Nibelungensteig gekennzeichnet. Sie gelangen zur B3. Gegenüber halb rechts beginnt die Altstadt von Zwingenberg (Bergstraße). Sie kommen an dem kleinen, netten Platz mit dem Löwenbrunnen vorbei und folgen der Straße Wetzbach stetig bergauf. Oben treffen Sie auf den **Blütenweg**, dem Sie nach links folgen. Der Weg führt zunächst nach Norden, um zum Alsbacher Schloss zu gelangen. An der dritten Straßenecke steht eine Bank und nach rechts ist eine Kneippanlage ausgeschildert. Hier biegen Sie ebenfalls rechts ab. Sie kommen an einem Denkmal vorbei. Oberhalb führt der Weg in den Wald. Am Waldparkplatz wechseln Sie spätestens auf den breiten Forstweg, der links parallel verläuft. Sie erreichen die **Kneippanlage ❶** (km 1,6).

Es folgt ein kleiner Anstieg und bei nächster Gelegenheit biegen Sie links ab, um dem Weg parallel zur Hangkante zu folgen. Im Winter und Frühjahr haben Sie zwischen den Bäumen einen schönen Blick auf die Rheinebene. An der nächsten Kreuzung geht es geradeaus und wieder ein Stückchen hinauf. Die nächsten beiden Wege rechts hinauf bleiben unbeachtet. Es geht erst wieder in den Hang hinein, wenn der Weg geradeaus direkt dort hinführt. An der nächsten Kreuzung nehmen Sie den Weg links höhengleich am Hang entlang. Er steigt alsbald weiter leicht an. Sie treffen auf den Hauptweg zum Schloss und folgen ihm nach rechts hinauf. Zum Eingang gelangen Sie, indem Sie links um die Anlage laufen. Sie erreichen das **Alsbacher Schloss ❷** (km 3,4) mit Burgschänke.

Das Alsbacher Schloss ist vielmehr eine Trutzburg, angelegt in einer markanten Dreiecksform. Prägend ist der mächtige, runde, gut 19 m hohe Bergfried, der restauriert wurde. Eine Wendeltreppe führt zur Aussichtsplattform. Im Schlossgarten wurden mehrere Kräutergärten angelegt und es wird Wein angebaut. Es finden regelmäßig Veranstaltungen wie Mittelaltermärkte statt. Mai-Sep Mi-So 11:00-21:00, Okt-April Mi-So 11:00-19:30

Burgschänke Alsbacher Schloss, Zum Schloss, 64665 Alsbach-Hähnlein, schloss-alsbach.de, Mai-Sep Mi-So 11:00-21:00, Okt-April Mi-So 13:00-19:30

Weiter geht es auf der Rückseite der Burg. Hinter dem Parkplatz befinden sich ein schöner Waldspielplatz und Rastplätze. Das nächste Ziel ist der der Melibokus. Sie folgen dem Wegweiser Richtung Schloss Auerbach und Melibokus auf dem breiten Forstweg.

Zum beliebten Ausflugsziel des Gipfels des Melibokus hinauf gibt es eine Vielzahl an ausgetretenen Trampelpfaden. Bitte nutzen Sie die Hauptwege und tragen Sie nicht zur weiteren Naturzerstörung bei.

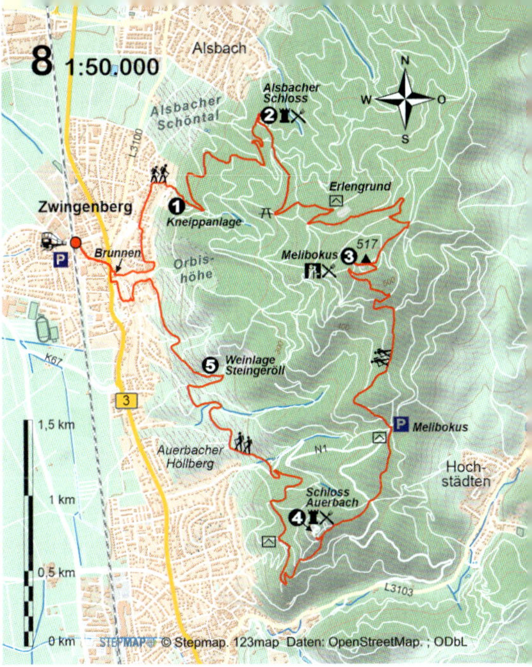

An der nächsten Kreuzung befindet sich ein Rastplatz (km 4,2). Hier geht es nach links. Sie folgen dem Weg, der auf gleichbleibender Höhe zum Grillplatz Erlengrund mit Schutzhütte weiterführt. Dort biegt rechts ein Weg ab, dem Sie hinauf folgen. An der nächsten Kreuzung halten Sie sich links, um im großen Bogen von Nordosten her zum Melibokus zu gelangen. Nach ca. 700 m biegen Sie rechts ab, um gleich wieder links abzubiegen und noch einen kleinen Schlenker zu laufen. Sie gelangen auf den Hauptweg, wo Sie rechts gehen, und können nach wenigen Metern dem kleinen Pfad rechts vom Hauptweg, der als Nibelungensteig ausgeschildert ist, folgen. Sie erreichen den Funkturm und die dahinterliegenden Aussichtsplattform auf dem Melibokus ❸ (km 6,5).

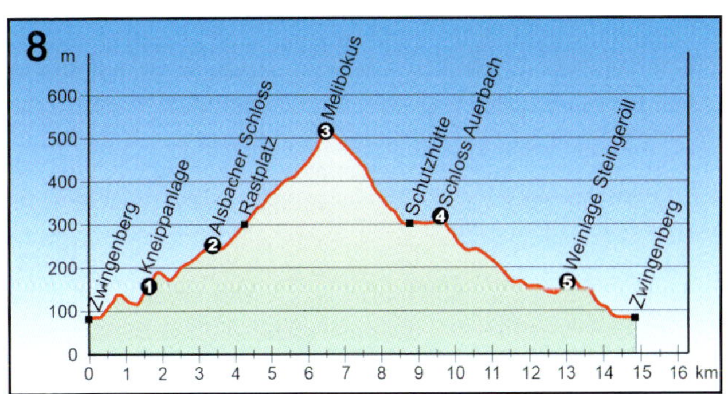

Der **Melibokus** ist mit 517 m der höchste Berg an der Bergstraße. Es gibt einen 22 m hohen Aussichtsturm (melibokusturm.de, Sa-So 11:00-17:00, Eintritt: € 0,30, ermäßigt 0,15) und eine bewirtschaftete Hütte.

bewirtschaftete Hütte, unterhalb des Aussichtsturmes, 062 51/758 47, melibokusturm.de, Sa-So 11:00-17:00

Winterlandschaft Melibokus

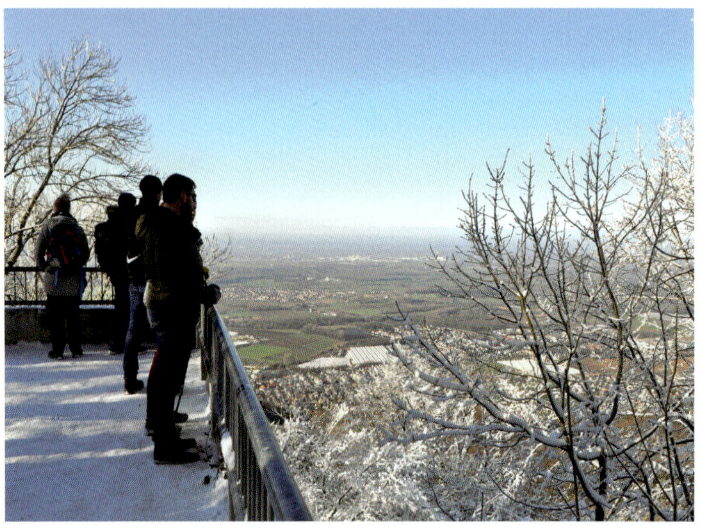

Von der Aussichtsplattform kommend folgen Sie hinter dem Funkmast zunächst rechts dem Nibelungensteig und Alemannenweg bergab. Es geht einmal nach links und einmal nach rechts.

Dann verlassen Sie den Nibelungensteig und Alemannenweg. Sie folgen dem Weg Nr. 6, der Sie direkt zum Parkplatz Melibokus führt.

Sie gelangen zu einer kleinen Lichtung, an deren Ende Sie sich rechts halten. Der Weg macht eine Linkskurve, der Sie folgen, und Sie treffen nun geradeaus auf den Parkplatz Melibokus (km 8,6). Diesen queren Sie und folgen der Beschilderung zum Schloss Auerbach.

Hierzu laufen Sie links an einer ⌂ Schutzhütte vorbei. Sie passieren einen weiteren Parkplatz und nehmen den Hauptweg zum Schloss. An der linken Seite haben Sie die Möglichkeit, einem kleinen Pfad zu folgen. Eine Brücke führt über den Burggraben und zum Eingang von ♜ **Schloss Auerbach** ❹ (km 9,6) mit Burgschänke.

♜ Das Schloss Auerbach wurde im 13. Jahrhundert als Burganlage angelegt. Im 16. Jahrhundert verlor es seine strategische Bedeutung. Es wurde in der Folge mehrfach erstürmt und in Teilen zerstört. Erhalten geblieben ist der Südturm. Der Nordturm stürzte im 19. Jahrhundert nach Jahren des Verfalls ein und wurde wiederaufgebaut. Schloss Auerbach, täglich 10:00-17:00

✕ Burgschänke Schloss Auerbach, ☏ 062 51/729 23, schloss-auerbach.de, mittelalterliche Erlebnisgastronomie mit Aussichtsterrasse mit Blick über die Rheinebene, während der Coronapandemie nur im Kioskbetrieb Sa-So 12:00-17:00 bei gutem Wetter, aktuelle Öffnungszeiten bitte erfragen

Pause auf der Burgmauer

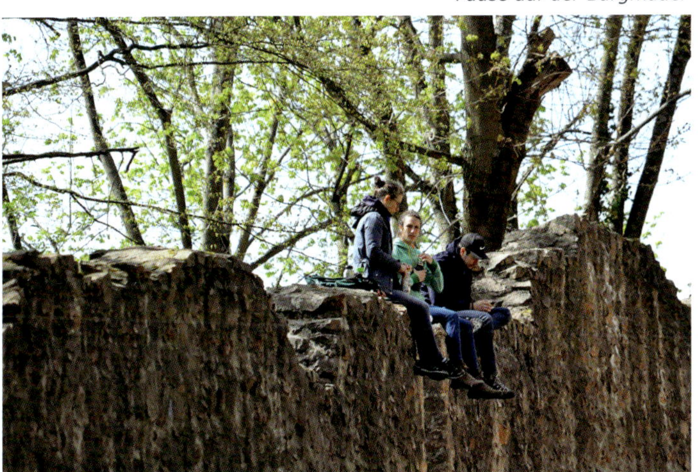

Für den weiteren Weg nutzen Sie beim Verlassen des Schlosses den kleinen Durchgang in der Mauer gegenüber dem Eingangstor. Sie laufen wenige Meter nach links, um dann den Pfad unterhalb nach rechts zu laufen. Er ist wieder als Alemannenweg gekennzeichnet.

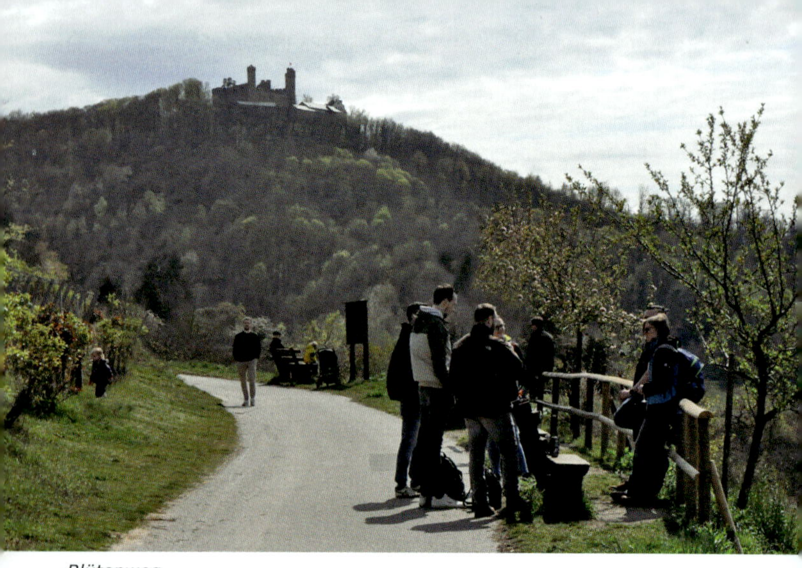

Blütenweg

Um zurück zum Ausgangspunk in Zwingenberg im Norden zu gelangen, folgen Sie dem Alemannenweg nur ein kurzes Stück (900 m). Der erste Forstweg Richtung Norden führt zu früh auf die befahrene Straße zum Melibokus. Sie nutzen den Weg, der parallel zur Hangkante weiterführt, wenn an der ⌂ Schutzhütte der Alemannenweg links abzweigt. An der nächsten Gabelung folgen Sie links dem kleineren Pfad, um weiter nach unten zu gelangen. Wenn Sie auf die Straße treffen, müssen Sie dieser für eine Serpentine nach links bergab folgen. Über den Parkplatz gelangen Sie auf den ✎ **Blütenweg**, der Sie oberhalb der Bebauung durch die Weinberge nach Zwingenberg führt.

Den ersten ausgewiesenen Abzweig vom Blütenweg Richtung Ortslage lassen Sie unbeachtet. Sie kommen noch an der Weinlage Steingeröll ❺ (km 13,0) vorbei und erreichen **Zwingenberg** über die Straße Die Lange Schneise. An der nächsten Kreuzung erkennen Sie rechts vielleicht die Straße wieder, die Sie auf dem Hinweg hinaufgelaufen sind. Hier halten Sie sich nun links, verlassen den ✎ Blütenweg und haben die Möglichkeit, einen Schlenker durch die schöne Altstadt von Zwingenberg zu machen. Weiter links befindet sich die Kirche. Von dort können Sie hinab zum Marktplatz laufen und rechts eine der beiden Straßen nehmen, um zur Bibliothek und Stadtverwaltung zu gelangen. Sie treffen auf die B3, der Sie nach rechts zur Bahnhofstraße folgen, über die Sie zurück zum Ausgangspunkt gelangen.

9 Neunkircher Höhe

Tour für sportliche Spaziergängerinnen und Spaziergänger und Familien

Diese kurze Wanderung überzeugt mit großartigen Ausblicken in den zentralen Odenwald, denn sie führt zur höchsten Erhebung des Hessischen Odenwaldes, der Neunkircher Höhe mit 605 m, und dem dort befindlichen Kaiserturm mit Aussichtsplattform. Die Gegend ist im Winter beliebt zum Rodeln. Der Ortsteil Neunkirchen (gehört zu Modautal) ist für seine Heilquelle bekannt.

Start/Ziel: Neunkirchen, Bushaltestelle „Modautal-Neunkirchen Heilquelle“, GPS N 49°43.964' E 008°46.542'

4,5 km

ca. 1 Std.

133 m/133 m

500-605 m

keine bzw. wechselnde Markierungen, überwiegend Alemannenweg (rotes A auf weißem Grund)

waldreiche Wanderung auf Forststraßen und Waldwegen

Kiosk und Restaurant Kaiserturm (km 2), Gasthaus Hochgenuss im Odenwald und Gasthof Zur Linde (km 4,4)

Liegebank (km 0,4), Hütte (km 0,8), Gersprenzquelle (km 1,1), Kaiserturm (km 2), am Apfelbaum (km 3,8)

schöne Tour, die sich auch gut mit Kindern laufen lässt

Die Wanderung verläuft überwiegend auf befestigten breiten Wegen. Einzelne Abschnitte sind schmal bzw. uneben und daher nur eingeschränkt für den Buggy geeignet.

schöne Wanderung, die auch für Vierbeiner eine Freude sein sollte

Bus MO2 von Reinheim (Odw.) Bahnhof zur Haltestelle „Modautal-Neunkirchen Heilquelle“ alle 120 Min., Reinheim erreichen Sie mit der Odenwaldbahn von Darmstadt, Frankfurt oder Erbach.

P zwischen Landesstraße und Kirche befindet sich ein großer Parkplatz

An der Haltestelle unterhalb des Beckens der Quelle befindet sich ein schöner neuer Spielplatz. Sie starten in Fahrtrichtung des Busses nach Nordwesten und gehen hinauf zum Dorfplatz mit Linde und Gastwirtschaft. Dort biegen Sie links ab. Sie kommen an einer Kirche vorbei und queren den angrenzenden Parkplatz.

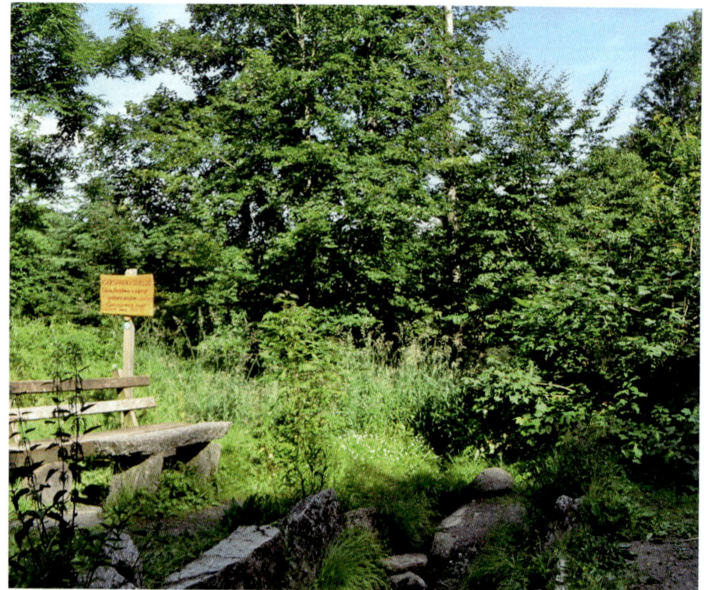

Gersprenzquelle

Hier ist die Neunkircher Höhe/der Kaiserturm bereits ausgewiesen. Sie queren die Landesstraße und kommen zu einer Liegebank. Hier haben Sie bei guter Sicht einen herrlichen Ausblick bis auf die Skyline von Frankfurt und den dahinterliegenden Taunus.

Wenn Sie weiterlaufen, nehmen Sie den Weg halb links. Sie kommen an einer Holzhütte ❶ (km 0,8) vorbei. Kurz danach treffen Sie auf einen Weg, dem Sie nach rechts folgen. Sie erreichen einen Radarturm (km 1,5). Hier treffen Sie auf den Alemannenweg, dem Sie geradeaus folgen. Der Rest der Tour verläuft auf dem **Alemannenweg**. Sie können entspannt dem rotem A auf weißem Grund folgen.

Sie kommen an dem Naturdenkmal der Gersprenzquelle vorbei – die Gersprenz fließt nördlich von Aschaffenburg in den Main. Hier ist ein schöner Ort zum Verweilen mit Bänken. Kurz danach biegen Sie links auf einen kleinen Pfad ab und nach wenigen Metern sehen Sie zwischen den Bäumen den **Kaiserturm** ❷ (km 2).

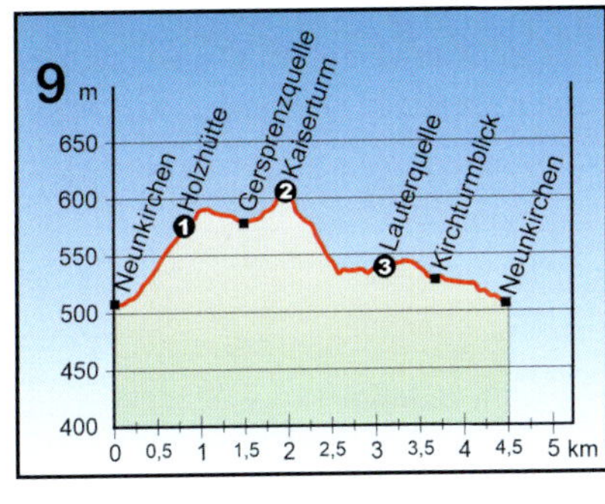

Der 34 m hohe Turm wurde 1907 eingeweiht. Von oben haben Sie einen beeindruckenden Blick über den Odenwald. Viel Spaß beim Treppensteigen! Ich habe 145 Stufen gezählt. Im Erdgeschoss befindet sich ein Kiosk mit Kaffee, Kuchen und Kaltgetränken. Im 1. OG befindet sich die im Odenwald höchstgelegene Gaststätte. Die Turmbesteigung ist während der Öffnungszeiten der Gastronomie möglich.

Kaiserturm, ☏ 062 54/71 45, Sa 12:00-17:00, So 11:00-17:00

Wenn Sie zum Turm schauen, geht der Alemannenweg rechts hinab Richtung Modautal. Am nächsten Wegweiser biegen Sie nach rechts Richtung Neunkirchen ab. Sie treffen auf einen Forstweg, den Sie halb rechts weiter auf dem Alemannenweg und Richtung **Lauterquelle** hinaufgehen. Die Lauterquelle ❸ (km 3,1) befindet sich auf der rechten Seite des Weges. Die Lauter fließt bei Gernsheim in den Rhein. Nach links haben Sie wunderbare Ausblicke Richtung Felsberg, Rheineben und den Pfälzerwald im Hintergrund.

An der nächsten T-Kreuzung (km 3,7) gehen Sie nach rechts und sehen schon den Kirchturm von Neunkirchen. Sie kommen am höchstgelegenen Apfelbaum des Hessischen Odenwaldes mit Bank vorbei und haben wieder einen schönen Blick Richtung Skyline von Frankfurt und Taunus.

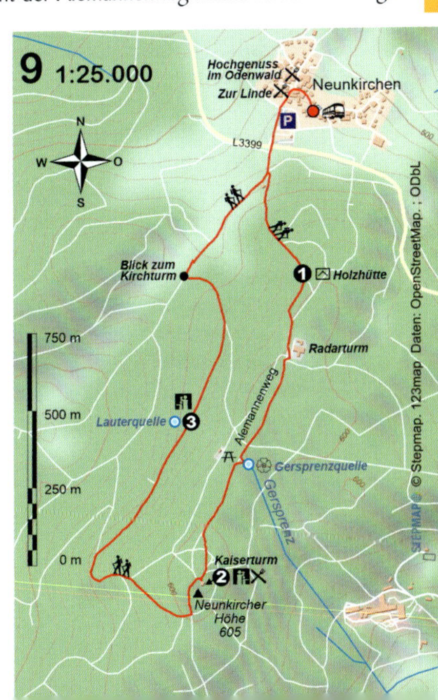

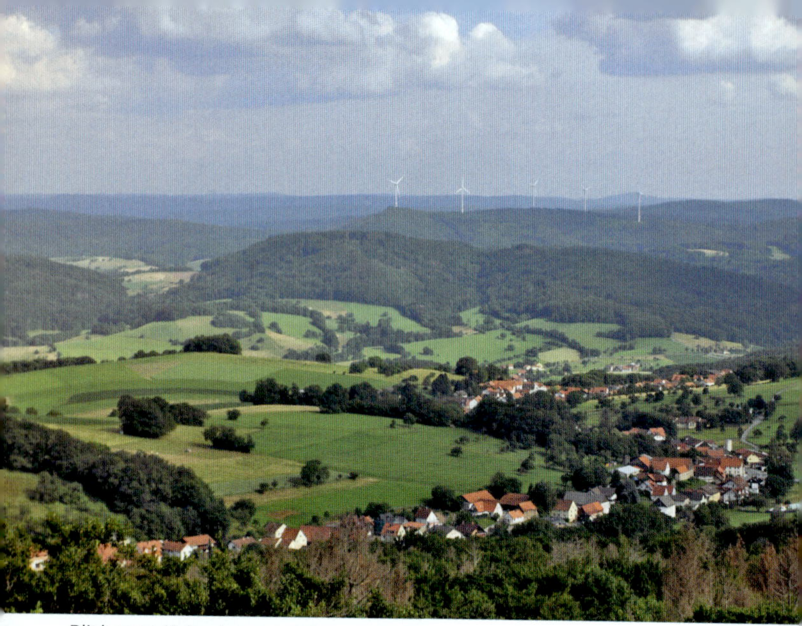

Blick vom Kaiserturm

Sie gelangen zur ⩸ Liegebank zurück. Nun müssen Sie nur noch die Landesstraße queren und die wenigen Meter durch den Ort zurücklaufen. Es bietet sich eine Pause im Gasthof Hochgenuss im Gebäude Zum grünen Baum auf dem Dorfplatz oder in dem angrenzenden Gasthof Zur Linde an.

✕ Hochgenuss im Odenwald, Neunkirchen 11, 64397 Modautal, ☏ 062 54/94 34 94, ✉ info@hochgenuss.eu, 💻 hochgenuss.eu, 🚪 Do-Mo 12:00-22:00

♦ Zur Linde, Neunkirchen 19, 64397 Modautal, 📱 01 75/353 74 08, ✉ info@neunkircher-hoehe.de, 💻 neunkircher-hoehe.de, 🚪 Mo-So 12:00-19:00, pandemiebedingt nur Sa-So 12:00-17:00

⑩ Zur Burgruine Rodenstein

Tour für „Odenwald-Shopperinnen und -Shopper" mit vielfältigen Einkehrmöglichkeiten

Diese schöne Rundtour startet in der kleinen Altstadt von Reichelsheim und führt hinauf zur Burgruine Rodenstein. Es begleitet Sie der schöne Ausblick in die Landschaft mit nur einem kurzen Waldstück, in dem sich ein faszinierender Wasserfall befindet. Es gibt zwei Möglichkeiten, lokale Produkte zu erwerben (Kleingeld mintnehmen!) und sicher werden Sie nicht alle Einkehrmöglichkeiten am Wegesrand ausprobieren können. Wiederkommen lohnt sich!

Start/Ziel: Reichelsheim (Odenwald), Bushaltestelle „Heidelberger Straße", GPS N 49°42.664' E 008°50.090'

9,7 km

ca. 2 Std.

462 m/462 m

208-415 m

keine bzw. wechselnde Markierungen, teilweise blaues Dreieck auf weißem Grund

Der Weg führt, im Wechsel mit kurzen Stücken auf Waldwegen, überwiegen über Asphaltstraßen.

Kiosk Röders Hütte (km 2,9), Restaurant Hofgut Rodenstein (km 4,1), Restaurant Zum Laudenauer Tal (km 6,7), Reichelsheim (ab km 9,5 Richtung Ortskern)

kleiner Hofladen (km 2,3), Laden Zur Freiheit (km 5,7)

Rathausplatz (km 0,7), am Wasserfall (km 5), Liegebank (km 8,1)

wunderbar abwechslungsreiche Tour mit vielen spannenden Stationen

In und um die Burgruine gibt es ein paar Unwägbarkeiten sowie im letzten Drittel ein abschüssiges Steilstück, aber sonst bestens auch mit dem Buggy zu machen.

aufgrund des vielen festen Belages nicht perfekt, aber bestimmt auch für die Vierbeiner eine schöne Tour

Ab Fürth oder Reinheim fahren Sie mit dem Bus 693 alle 120 Min., ab Bensheim mit dem Bus 665 alle 120 Min. nach Reichelsheim zur Haltestelle „Heidelberger Straße".

P Beerfurther Straße, Ecke Am Schloßberg befindet sich ein großer Parkplatz. Der Rathausplatz befindet sich dann westlich auf der anderen Seite der Konrad-Adenauer-Allee.

Von der Haltestelle „Heidelberger Straße" auf Höhe der Heidelberger Straße 53 laufen Sie nach Nordosten Richtung Ortskern mit dem Rathaus. Auf der rechten Seite steht eine alte Linde.

200 m weiter biegt links die Bismarckstraße ab, der Sie folgen. Sie führt Sie direkt auf das Rathaus zu und Sie gelangen zum Rathausplatz mit Bank.

Sie können auch an der Haltestelle „Volksbank" oder „Reichenberghalle" aussteigen. Manche Busverbindungen halten nur dort. In jedem Fall wollen Sie zunächst zum nördlich der Hauptstraße gelegenen Rathausplatz.

Vor dem Rathaus geht es nach links. Sie folgen ab hier bis fast zur Burgruine Rodenstein dem blauen Dreieck auf weißem Grund. An der nächsten Ecke geht es nach rechts. Sie nehmen die untere rechte Rodensteiner Straße. Dann geht es halb links die Straße In der Aue leicht ansteigend aus dem Ort hinaus. Sie kommen an einem landwirtschaftlichen Hof vorbei und folgen der einseitig mit Bäumen bestandenen Straße weiter hinauf zum nächsten landwirtschaftlichen Hof, wo es die Möglichkeit gibt, die hofeigenen Produkte in Reimunds Hofladen ❶ (km 2,3) zu erwerben.

Hofladen (Selbstbedienung), Familie Reimund, Eberbach 9, 64385 Reichelsheim, Adolf-reimund@t-online.de, facebook.com/FamilieReimund. Halten Sie Kleingeld bereit. Es muss passend bezahlt werden.

Der Weg steigt weiter leicht an. Beim Blick zurück ins Tal fällt besonders das Schloss Reichenberg oberhalb von Reichelsheim an der gegenüberliegenden Hangkante auf. Am übernächsten, großen Hof gibt es eine Einkehrmöglichkeit und der Weg biegt rechts ab.

Röders Hütte, Eberbach 7, 64385 Reichelsheim, 061 64/40 52, info@roeders-huette.de, roeders-huette.de, Fr 14:00-18:00, Sa 13:00-18:00, So 12:00-18:00, Versperhütte mit Biergarten und Spielplatz, auch Verkauf von lokalen Produkten

Am Teich geht es direkt wieder nach links und weiter leicht bergan. An der nächsten T-Kreuzung folgen Sie der Straße nach links, die auf das **Hofgut Rodenstein** zuführt. Rechts biegt der Weg mit der Markierung blaues Dreieck auf weißem Grund ab. Um das Hofgut gehen Sie rechtsherum.

Hofgut Rodenstein, An der Burgruine, 64407 Fränkisch-Crumbach, 061 64/10 87, info@hofgut-rodenstein.de, hofgut-rodenstein.de, Do ab 17:00, Fr-So ab 11:00, unterhalb der Burgruine mit Biergarten im Sommer und kamingeheizter Gaststube im Winter

Es taucht ein Parkplatz auf und noch vor den ersten Stellplätzen können Sie links zur Burgruine über hölzerne Stufen aufsteigen. Nach einem kurzen Anstieg erreichen Sie die oberhalb des Hofguts gelegene **Burgruine Rodenstein ❷** (km 4,1).

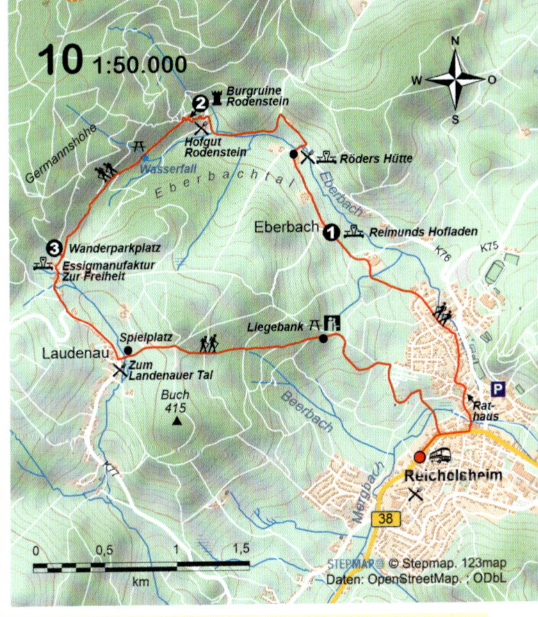

Wenn Sie mit dem Buggy unterwegs sind, können Sie der Straße weiter folgen und bei nächster Gelegenheit nach links abbiegen. Sie kommen dann im Bogen oberhalb der Burgruine heraus. Lassen Sie eventuell den Buggy dort stehen, wenn Sie die Burg von innen erkunden wollen, denn später folgen Sie diesem Weg weiter Richtung Südwesten.

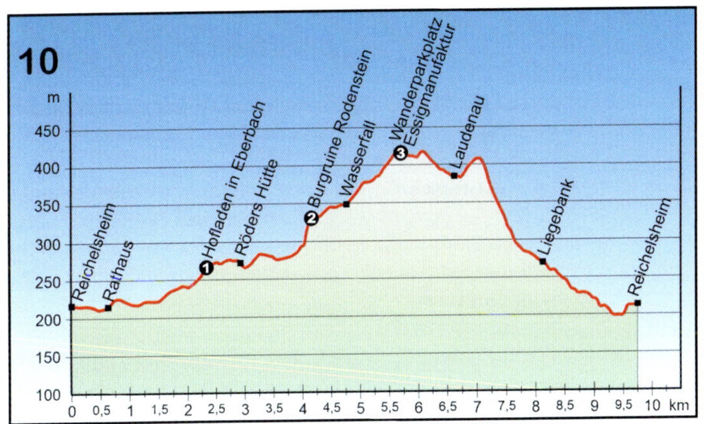

Die **Burg Rodenstein** wurde Mitte des 13. Jahrhunderts erbaut. Die Kernanlage und Ringmauer mit dem Eingangstor zur Talseite können Sie noch heute erkunden. Die Burg ist für ihre Sagen, wie die vom Wilden Heer und dem Burggeist bekannt. Führungen (45 Min.) zur Geschichte und Sagenwelt der Burg werden auf Anfrage für Gruppen angeboten.

rodenstein.de

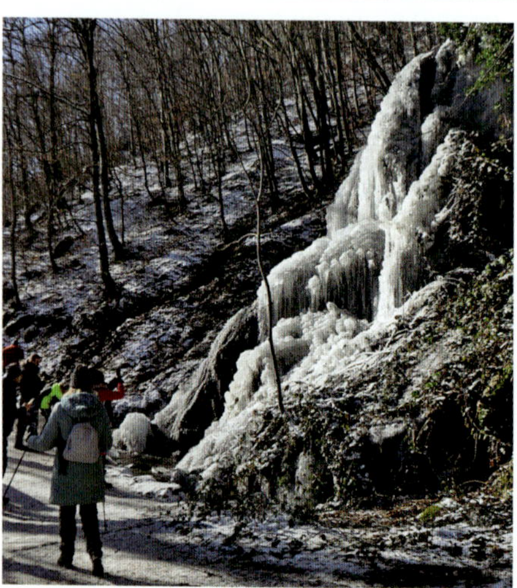

Gefrorener Wasserfall

Auf der Rückseite der Burg müssen Sie den Burggraben queren und treffen auf einen Weg, dem Sie nach links Richtung Südwesten folgen. Direkt am Weg liegt ein sehr schöner kleiner Wasserfall mit einer Bank – gut geeignet für eine kleine Pause. An der nächsten Kreuzung laufen Sie nach links. Nach wenigen Metern erreichen Sie den Waldrand, dem Sie weiter folgen. Sie gelangen zu einen Wanderparkplatz ❸ (km 5,7), wo Sie bereits eine Auswahl der Produkte der Essigmanufaktur (☞ siehe nachfolgend) erwartet. Die Gebäude gehören zu einem kleinen Ortsteil von Reichelsheim. Sie folgen der Straße geradeaus. Rechter Hand befindet sich die **Essigmanufaktur Zur Freiheit** mit Produkten aus eigener Produktion überwiegend zum Mitnehmen.

Essigmanufaktur Zur Freiheit, Freiheitsstraße 20, 64385 Reichelsheim-Laudenau, ☎ 061 64/10 32, info@zurfreiheit.de, zurfreiheit.de, Sa 11:00-16:00, nach Vereinbarung sowie Online-Shop. Eine kleine Auswahl steht zudem zur Selbstbedienung am Wanderparkplatz zur Verfügung. Sie können bar (passend) oder per Überweisung im Nachgang bezahlen.

Der Straße folgend gelangen Sie an eine etwas größere Straße, die Sie links bergab bringt. Sie gelangen zum Ortsteil Laudenau und biegen links in den Reichelsheimer Weg ab.

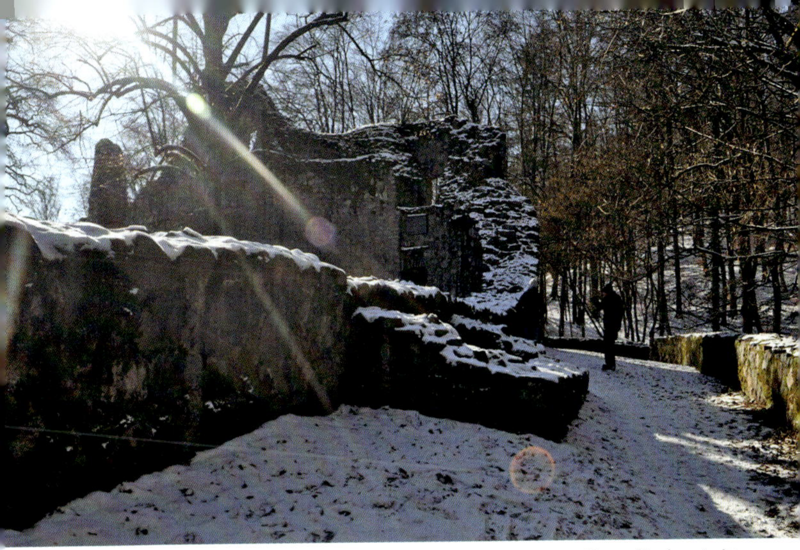

Burg Rodenstein

↳ Zunächst lohnt es sich, ein paar Häuser weiter auf der linken Seite beim Gasthaus Zum Laudenauer Tal einzukehren.

✕ Gasthaus Zum Laudenauer Tal, Gumpener Straße 59, 64385 Reichelsheim-Laudenau, ☏ 061 64/10 25, ✉ Laudenauer-tal@t-online.de, 💻 laudenauertal.de, 🚪 Fr-Mo u. Mi 11:30-21:30

Am Reichelsheimer Weg befindet sich ein sehr schöner Spielplatz. Dem Weg weiter folgend gelangen Sie zu einem Hof. Dahinter queren Sie die Wiese und laufen am Waldrand steil hinab.

✋ Der Weg wird bei Regen sehr matschig und es könnte mit dem Buggy schwierig werden.

Nach einem kurzen Waldstück gelangen Sie zu einer Liegebank (km 8,1) und haben einen schönen Blick über Reichelsheim. Sie gelangen zu einer Kreuzung, wo Sie die Gelegenheit haben, einen Rechtsschlenker mit weiteren schönen Ausblicken ins Tal zu laufen. Noch vor den ersten Häusern auf der linken Seite und dem Friedhof auf der rechten Seite biegen Sie rechts ab. In einem weiteren schönen Bogen geht es durch eine Gartenanlage. Vor den nächsten Gebäuden nehmen Sie den Weg rechts runter in den Park mit Bachlauf. Diesen queren Sie und gelangen zur Bundesstraße, an der sich rechts die Bushaltestelle befindet.

11 In die Drachenstadt Lindenfels

Sportliche Tour für Burgen- und Drachenbegeisterte

Diese Wanderung startet in der für ihr Heilklima staatlich anerkannten Kurstadt Lindenfels mit einem Burgbesuch. Dann geht es hinab ins Schlierbachtal mit seinen kleinen Ortsteilen, um auf der anderen Talseite aufzusteigen und den Blick Richtung Lindenfels und Ausblicke in das Weschnitztal zu genießen. Zurück geht es erneut durch das Tal und wieder hinauf nach Lindenfels. Es gibt die Möglichkeit, einen Abstecher in den Bergtierpark Erlenbach zu machen.

Start/Ziel: Lindenfels, Bushaltestelle „Lindenfels-Mitte", GPS N 49°41.061' E 008°46.877'
11 km
ca. 3 Std.
462 m/462 m
226-440 m
keine bzw. wechselnde Markierungen, teilweise grüne Raute auf weißem Grund
abwechslungsreiche Tour mit längeren Abschnitten über Asphalt
Restaurants in Schlierbach (km 3,7) und in Lindenfels (ab km 0,2 bzw. 10,6)
Lindenfels Burg und Kurpark (km 1), Bank (km 8), Eulsbach (km 9)
Freibad Lindenfels (km 2,6)
sehr gut für Kinder geeignete, abwechslungsreiche Tour, wenn sie nicht zu lang ist
mit dem Buggy sehr sportlich und mit einigen schwierigen Wegstücken, daher nur eingeschränkt geeignet
anfangs durch Lindenfels, aber dann auf weichen Wegen
Bus 665 von Bensheim, stündlich, Bussteig 4
Zentral in Lindefels in der Straße Graben gibt es einen kleinen Stellplatz. Eine weitere Parkmöglichkeit gibt es in der Nibelungenstraße, Ecke Wassergasse. Ein großer Parkplatz befindet sich südöstlich unterhalb der Innenstadt in der Kappstraße. Von dort ist es ein knapper Kilometer bis hinauf zur Burg. Auf dem Rückweg laufen Sie dann wahrscheinlich nicht nochmals hoch in die Innenstadt.
12,5 km inkl. Tierparkbesuch

Von der Bushaltestelle starten Sie auf der Hauptstraße Richtung Nordwesten, aus Bensheim kommend entgegen der Fahrtrichtung. Nach wenigen Metern können Sie in die zweite Straße, die Burgstraße, nach links abbiegen. Diese führt Sie direkt zur Burg. Sie kommen an den zentralen und historischen Gebäuden der Stadt vorbei. Halten Sie Ausschau nach den ersten Drachen.

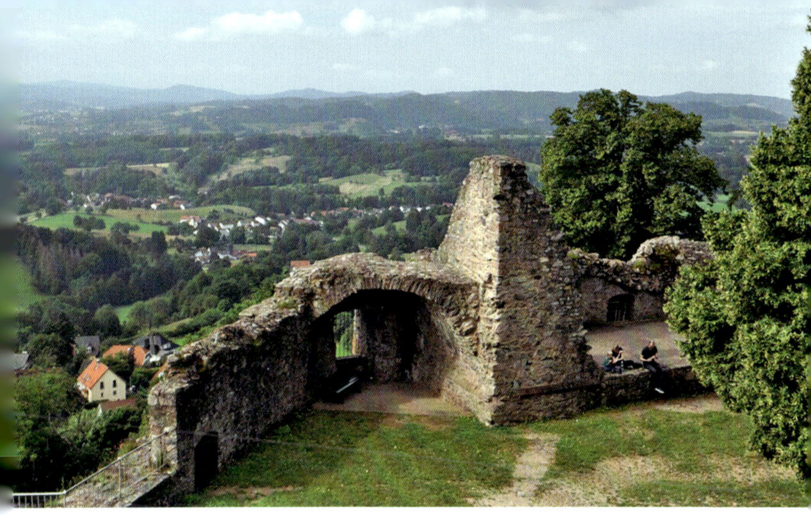

Burg Lindenfels

Die **Burg Lindenfels** wie auch die Innenstadt liegen auf einem Felsvorsprung, der in das Tal der Weschnitz hineinragt. Im Burghof stehen große alte Linden und so wird die Stadt ihrem Namen mehr als gerecht. Die mittelalterliche Burg Lindenfels wurde im 12. Jahrhundert errichtet und im 15. Jahrhundert zur Festung ausgebaut. Sie können auf die Reste des Wohnturms und die Ringmauer hochklettern. Von der Burg wie auch dem Burghof haben Sie einen großartigen Blick über das Tal und können weit in den Odenwald schauen. Es gibt einen Burgkiosk (11:00-18:00).

Nach einem Rundgang über die Burg können Sie über die unterhalb liegenden Wehranlagen mit einem schönen Heilpflanzengarten zurücklaufen. Sie kommen am Kurhaus raus. Hier befinden sich auch öffentliche Toiletten. Durch das Gebäude können Sie tagsüber einfach hindurchgehen und gelangen wieder auf die Burgstraße, Ecke In der Stadt ❶ (km 1,1). Hier biegen Sie rechts ab und laufen direkt auf das Drachenmuseum in einem schönen, alten Gebäude zu.

⌘ Deutsches Drachenmuseum Lindenfels, Haus Baureneck, In der Stadt 2, 64678 Lindenfels im Odenwald, ☏ 062 55/40 71, info@deutsches-drachenmuseum.de, deutsches-drachenmuseum.de, Sa-So 14:00-17:00, Sonderöffnungszeiten in den Schulferien, Eintritt: € 3, ermäßigt € 1, am ersten Sonntag im Juli gibt es ein Drachenfest. Das Museum widmet sich dem Mythos von Drachen und der Vielfalt von Drachendarstellungen.

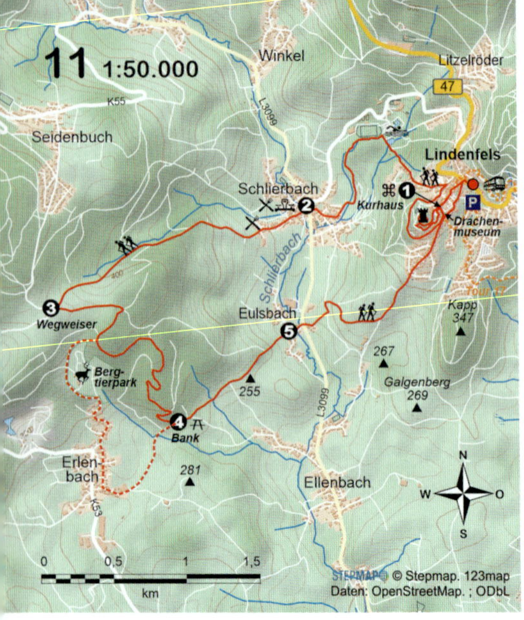

Folgen Sie nun dem Nibelungensteig bzw. dessen Umleitung, da aktuell der Wald unterhalb der Burg nicht zugänglich ist (Stand Februar 2022). Hierzu umrunden Sie die Burg. Sie kommen an einer Minigolfanlage mit schöner Aussicht vorbei.

Kleingolfanlage unterhalb der Burg, Schloßwaldweg 8, 64678 Lindenfels, 01 72/637 39 92, bei guter Witterung Mi-Fr 14:00-19:00, Sa-So 11:00-19:00, nach Voranmeldung auch außerhalb der Öffnungszeiten

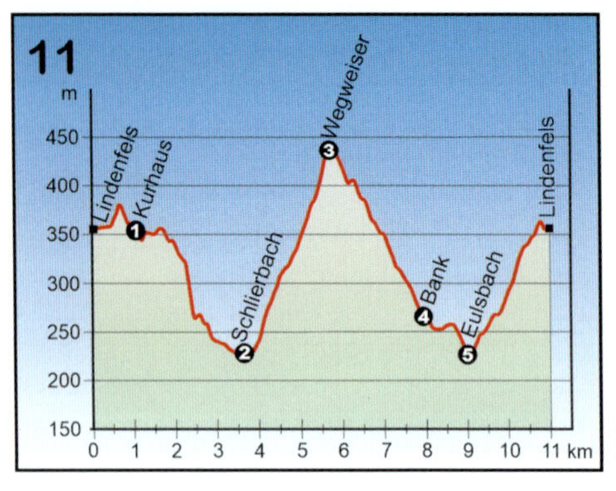

Weiter laufen Sie Richtung Nordosten ins Tal hinein, bevor Sie am Krankenhaus auf dem Schlierbacher Weg nach links Richtung Westen laufen. Kurz danach biegt der Weg rechts ab. Es geht auf schmalem Pfad steil hinab zum Schwimmbad und den Sportplätzen der Stadt. An der hinteren Ecke der Tennisplätze geht es nach links.

Nicht direkt an der vorderen Ecke der Tennisplätze abbiegen. Sie wollen an den Sportplätzen entlanglaufen.

Hinter den Tennisplätzen befindet sich das Freibad von Lindenfels.

Freibad Lindenfels, Almenweg 30, 64678 Lindenfels, ☏ 062 55/564, Mai-Sep Mo-So 10:00-20:00, Eintritt € 4,50, ermäßigt € 2

Am Sportplatz vorbei laufen Sie einem kleinen Bachlauf folgend nach Süden. Sie gelangen nach **Schlierbach** ❷ (km 3,7) und queren die Hauptstraße Richtung Fürth. Dort verlassen Sie den Nibelungensteig und laufen halb links die Waldstraße Richtung Sonnenblick hinauf. Bis zum nächsten Wegpunkt folgen Sie der Markierung grüne Raute auf weißem Grund. An der Kreuzung befinden sich zwei Einkehrmöglichkeiten.

Gasthaus und Metzgerei zur Krone, Kirchstraße 15, 64678 Lindenfels-Schlierbach, ☏ 062 55/780, info@gasthaus-zur-krone-schlierbach.de, gasthaus-zur-krone-schlierbach.de, Di, Fr, Sa 11:00-14:00, 17:00-22:00, So 10:30-22:00

Gasthaus und Pension Zum römischen Kaiser, Kirchstraße 17, 64678 Lindenfels-Schlierbach, ☏ 062 55/575, info@zum-roemische-kaiser.de, zum-roemische-kaiser.de, Mi-Sa 14:00-22:00, So 12:00-22:00

Weg mit Weitblick

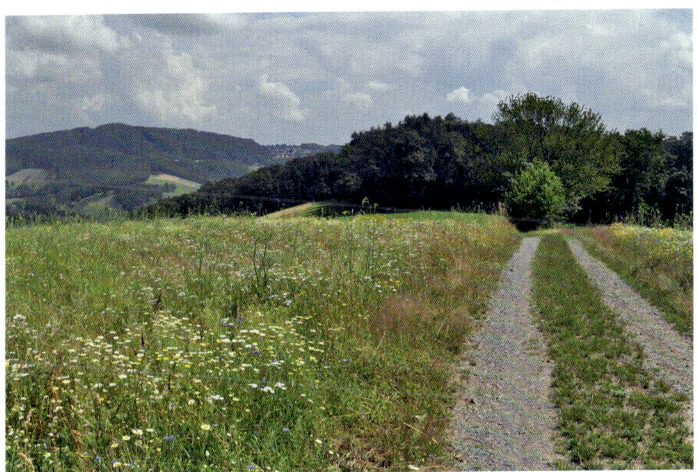

Die Straße führt den Hang hinauf und am nächsten Gasthof vorbei.

Gasthof Sonnenblick, Waldstraße 23, 64678 Lindenfels-Schlierbach, 062 55/967 35 00, sonnenblickschlierbach@gmail.com, sonnenblick-schliebach.de, Fr 17:00-22:00, Sa. 14:30-22:00, So 11:00-21:30

Sie haben einen schönen Blick zurück auf die Stadtmitte von Lindenfels mit der sie überragenden Burg. Im Wald geht die Straße in einen Forstweg über, dem Sie das Tal hinauf folgen. An der nächsten Lichtung, wenn der Weg wieder vollständig asphaltiert ist und rechts abbiegt, laufen Sie geradeaus weiter. Nach einem ordentlichen Anstieg erreichen Sie den höchsten Punkt auf dieser Talseite und gelangen zu einem hölzernen Wegweiser ❸ (km 5,7).

Am Wegweiser gehen Sie nach links. Auf der freien Bergkuppe haben Sie einen schönen Ausblick. Dann betreten Sie den Wald und folgen dem Wanderweg nach rechts. An der nächsten Kreuzung (km 6,4) geht es nach links.

Wenn Sie zum **Bergtierpark Erlenbach** wollen, biegen Sie hier rechts ab (700 m bis zum Eingang, 1,8 km bis zur Bank ❹, d. h. ca. 300 m mehr als der eigentliche Weg + ca. 1 km Rundgang im Park). Nach wenigen Metern an der nächsten Gabelung gehen Sie nach links und laufen das Tal hinab. Sie können die Tiere und Kinder wahrscheinlich schon hören und gelangen von oben aus nördlicher Richtung zum Eingang.

Bergtierpark Erlenbach, Werner-Krauß-Straße, 64658 Fürth-Erlenbach, 062 53/213 26, bergtierpark@gemeinde-fuerth.de, bergtierpark-erlenbach.de, April-Okt tägl. 10:00-18:00, Nov-März Mo-Fr 13:00-Einbruch der Dunkelheit, Sa-So 11:00-Einbruch der Dunkelheit, Eintritt € 6, ermäßigt € 3. In großzügigen Freigehegen leben Gebirgstiere in einem natürlichen Umfeld. Ein ca. 1 km langer Rundweg führt durch das Gelände.

Beim Verlassen des Tierparks laufen Sie die Straße in den Ortsteil hinunter und biegen bei nächster Gelegenheit links ab. An der folgenden T-Kreuzung gehen Sie nochmals nach links und gelangen an der Bank (❹) wieder auf den beschriebenen Weg.

Der Weg führt Sie weiter auf dem Wanderweg durch den Wald das Tal hinab. Abzweigende kleinere Pfade bleiben unberücksichtigt. Sie treffen bei den Weiden auf eine Asphaltstraße. An der Ecke steht eine Bank ❹ (km 8). Sie folgen der Straße nach links. Am nächsten Abzweig geht es direkt nochmals nach links ab. Die Straße führt Sie nach **Eulsbach** ❺ (km 9).

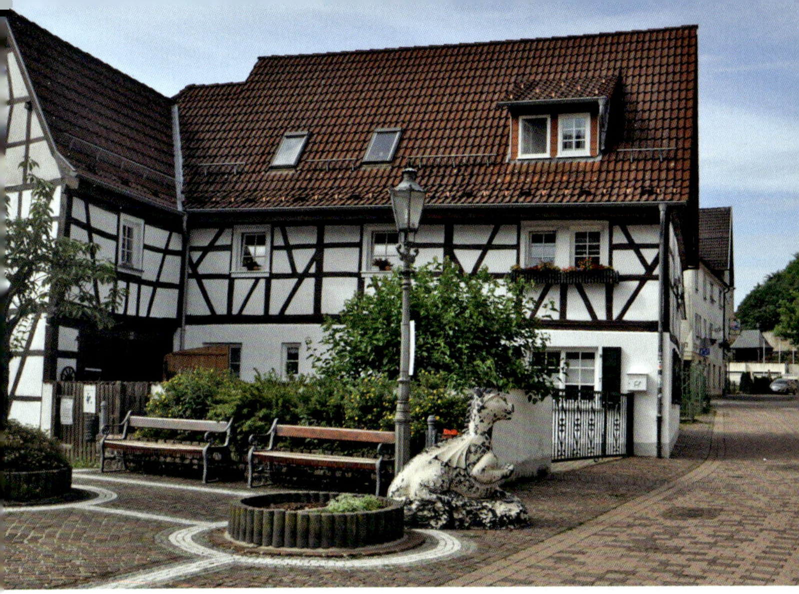

Platz mit Drachen

Sie queren die Hauptstraße und gehen an der T-Kreuzung nach links Richtung Schlierbach, um direkt danach an der ⛼ Bank nach rechts abzubiegen. Sie nehmen den rechten Weg. Dann treffen Sie auf den Ellenbacher Weg, der Sie nach links zurück in die Innenstadt führt. Es geht nochmals ordentlich hinauf. Sie queren ein Wohnquartier. Die Altstadt befindet sich links von Ihnen. Sie laufen unterhalb des Drachenmuseums vorbei. Kurz darauf sehen Sie links den **Bürgerturm**.

Der Turm gehört zur ehemaligen Stadtbefestigung aus dem 14. Jahrhundert. Er ist über eine Wendeltreppe begehbar. Im Inneren werden Drachendarstellungen gezeigt. Oben befindet sich eine Aussichtsplattform mit Blick über die Stadt und Umgebung.

♦ Bürgerturm, Wilhelm-Baur-Straße 5, 64678 Lindenfels, April-Okt 9:00-19:00, Nov-März 10:00-17:00

Am Turm biegen Sie rechts ab und gelangen über die Straße Graben an die Hauptstraße. Die Bushaltestelle befindet sich rechts.

⑫ Mossautaler Drachenweg Saphira

Tour für sportliche Waldliebhaberinnen und -liebhaber

Atmen Sie rund um den staatlich anerkannten Erholungsort Mossautal einmal richtig durch. Die hier beschriebene Wanderung verläuft auf dem Drachenweg Saphira, einem der vier Qualitätswanderwege, auf denen Infotafeln über das Leben in früheren Zeiten berichten. Es handelt sich um eine waldreiche Tour mit faszinierenden Ausblicken am Ende.

Start/Ziel: Mossautal, Bushaltestelle „Mossautal-Ober-Mossau Kirche", GPS N 49°40.462' E 008°55.498'

14,9 km

ca. 3 Std. 30 Min.

360 m/360 m

325-496 m

MD4 (Mossautaler Drachenweg vier)

Der Weg führt über Waldpfade sowie Waldwege und untergeordnet über Forststraßen.

Brauerei Ober-Mossau (km 14,9)

Lärmfeuer (km 2,8), Ikone Am Bild (km 3,6), Wanderparkplatz (km 4,6), Steinerner Tisch (km 6,2), Bank mit Aussicht (km 14)

Es handelt sich um eine sehr anspruchsvolle Tour, die daher für Kinder ungeeignet ist.

Aufgrund der Wegbeschaffenheit mit schmalen, unebenen und steilen Pfaden ist diese Tour nicht für Buggys geeignet.

Für sportliche Vierbeiner ist diese Tour auf vielen weichen Waldwegen sicher ein Vergnügen.

Bushaltestelle „Mossautal-Ober-Mossau Kirche", Bus 45 von Michelstadt, stündlich, Rufbus, Fahrtwunsch spätestens eine Stunde vorher unter ☏ 060 61/97 99-77 anmelden. Michelstadt liegt an der Odenwaldbahn, die Erbach mit Darmstadt alle 60 Min. und Frankfurt zweimal pro Stunde verbindet.

An der Brauerei Schmucker, Hauptstraße 91, 64756 Mossautal, gibt es einen großen Parkplatz, den Sie nutzen können.

Alternativ können Sie das Rad mit in die Bahn nehmen und von Michelstadt mit dem Rad fahren. Es sind 6,8 km zum Ausgangspunkt. Auf dem Hinweg geht es sportliche 240 m hinauf und 90 m hinab. Um sich auf dem Rückweg den Anstieg aus dem Tal zu sparen, können Sie die Tour auch am letzten Wegpunkt ❺ beginnen. Wenn die Brauerei am Ende der Tour liegen soll, können Sie den Weg andersherum laufen. Er ist gut ausgeschildert.

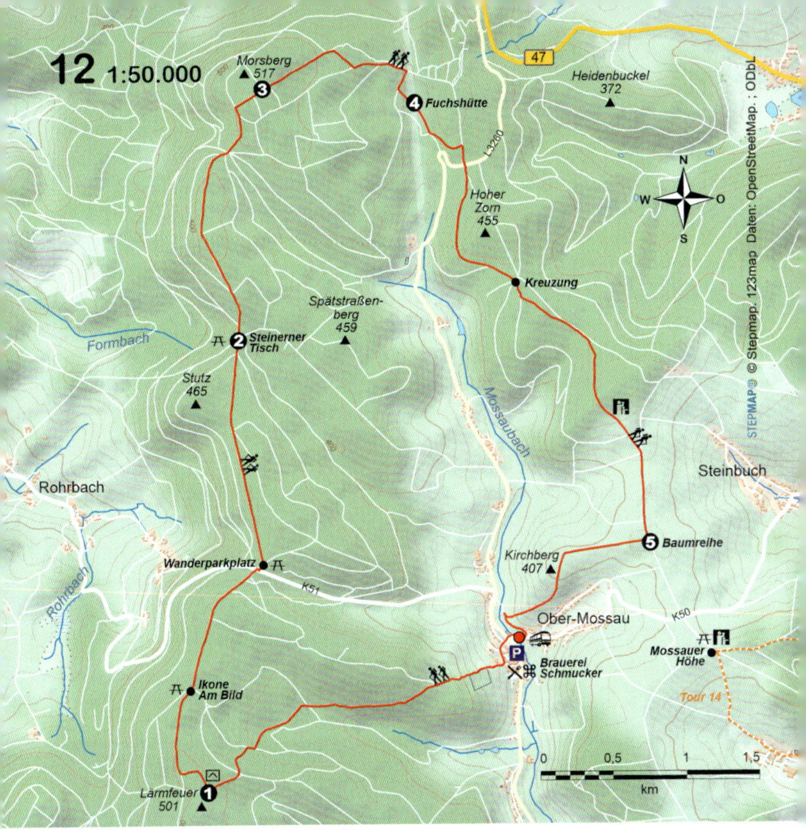

12 1:50.000

Morsberg 517
3
4 Fuchshütte
47
Heidenbuckel 372
L3260
N
W
O
S
Hoher Zorn 455
Kreuzung
Spätstraßenberg 459
Formbach
2 Steinerner Tisch
Stutz 465
Mossaubach
Steinbuch
Rohrbach
5 Baumreihe
Kirchberg 407
Wanderparkplatz
Rohrbach
K51
Ober-Mossau
K50
P
Brauerei Schmucker
Mossauer Höhe
Tour 14
Ikone Am Bild
0 0,5 1 1,5
km
Lärmfeuer 501
1

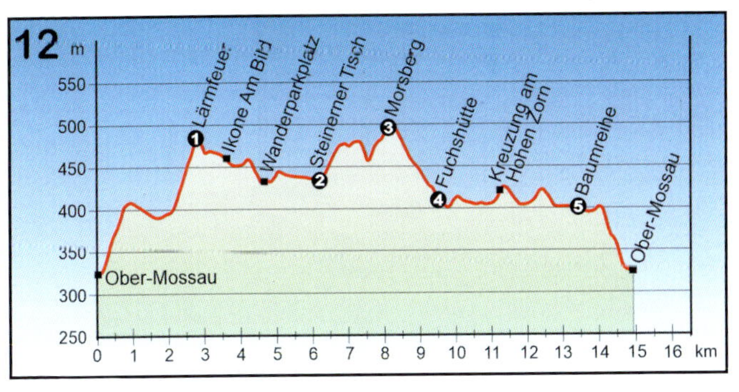

Von der Kirche gehen Sie hinab zur Hauptstraße und queren die Bundesstraße. Rechts vom Parkplatz der Brauerei sehen Sie einen Wanderwegweiser. Ab hier ist der Weg als einer von vier **Mossautaler Drachenwegen** mit ✎ MD4 ausgeschildert. Hinter der Brauerei steigen Sie die gegenüberliegende Talseite hinauf. Ein mit Buchen bestandener Hohlweg führt hinauf. Nach einem kleinen Abstieg geht es nochmals ordentlich hinauf. Sie erreichen die Anhöhe, das **Lärmfeuer ❶** (km 2,8). Mittels Feuer und Rauch diente der Ort bis ins 19. Jahrhundert als Alarmstation zum Austausch von Nachrichten. Heute befinden sich dort eine größere ⌂ Schutzhütte mit Sitzgelegenheiten, ein Grillplatz und Rastbänke.

Auf der Rückseite der Hütte führt der Weg weiter. Es geht leicht bergab auf einem schönen, weichen Waldweg. An der nächsten Kreuzung biegen Sie rechts ab und folgen dann dem Forstweg geradeaus. Dieser geht alsbald in einen Wanderpfad über. Sie kommen an der **Ikone Am Bild** mit ⩫ Rastplatz (km 3,6) vorbei. Weiter geht es auf einem breiten Forstweg. Sie kommen zu einem Wanderparkplatz mit ⩫ Bank (km 4,6) und queren die Verbindungsstraße zwischen Rohrbach und Mossautal. Auf dem Bergrücken geht es zügigen Schrittes zum **Steinernen Tisch ❷** (km 6,2).

Der Weg führt noch ein Stück weiter geradeaus. Sie passieren einen Schlagbaum und gehen auch hier geradeaus. Nach einem kurzen steilen Anstieg biegen Sie an dem Hochstand rechts ab. Nun erreichen Sie nach wenigen Metern den höchsten Punkt der Wanderung, den **Morsberg ❸** (km 8,1).

Steinerner Tisch

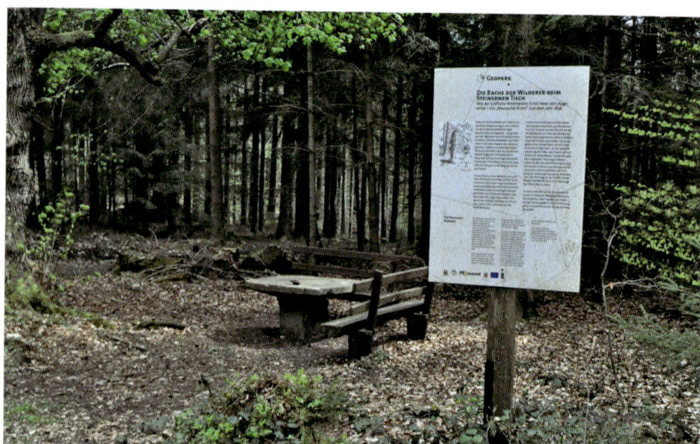

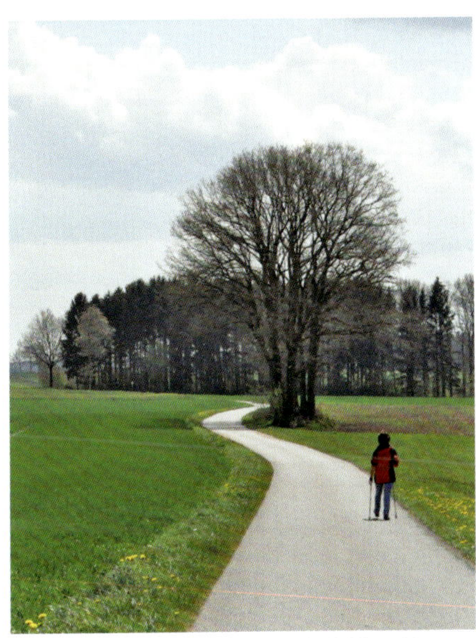
Wanderin bei Ober-Mossau

Dann treffen Sie auf den Radweg zur Hohen Straße, dem Sie nach rechts ein kurzes Stück folgen. Kurz vor den Hochspannungsleitungen biegen Sie rechts ab. Es geht direkt wieder nach links. Sie erreichen die **Fuchshütte** ❹ (km 9,6). Nach der Hütte biegen Sie an der folgenden Kreuzung in einen kleinen Pfad links ein. Sie treffen wieder auf den Radweg. Gemeinsam queren Sie eine Landesstraße und umrunden den Berg Hoher Zorn. An der unterhalb liegenden, gleichnamigen Kreuzung gehen Sie geradeaus.

Kurz darauf verlassen Sie den Wald und haben einen tollen Blick über den Höhenrücken. Rechts im Tal befindet sich **Mossautal**, links **Michelstadt**. Sie laufen auf eine rechts vom Weg weggehende Baumreihe ❺ (km 13,4) zu. An der Baumreihe verläuft ein Weg, dem Sie ins Tal hinab folgen. Es gibt an zwei Stellen Bänke mit wunderbarem Blick über die kleinen Ortschaften. Sie nähern sich dem Ausgangspunkt in **Ober-Mossau**. Wenn Sie direkt zur Bushaltestelle wollen, können Sie kurz vor der Hauptstraße links vom Wanderweg MD4 abbiegen und dem Wegweiser Richtung Ortsmitte folgen.

Ansonsten gelangen Sie auf dem ausgewiesenen Weg MD4 zur Brauerei Schmucker und haben die Möglichkeit zur Einkehr.

Brauerei Schmucker, Hauptstraße 91, 64756 Mossautal, 060 61/70 20, info@schmucker-bier.de, schmucker-bier.de, Online-Shop: schmucker-shop.de, Brauereibesichtigungen nach Vereinbarung, Brauereigasthof: brauereigasthof-schmucker.de, Mi-Sa 16:00-21:00, So u. feiertags 12:00-19:00. Das Bier wird mit Quellwasser gebraut und ist weit über den Odenwald hinaus bekannt

⑬ Michelstadt

Tour für Altstadtliebhaberinnen und -liebhaber

Die Altstadt von Michelstadt ist weit über die Region bekannt und nicht nur für den Weihnachtsmarkt ein beliebtes Ausflugsziel. Dieser Stadtspaziergang verbindet den Besuch der mittelalterlichen Altstadt mit einem Abstecher hinauf zum Hermannstempel. Von dort haben Sie einen schönen Blick über die Stadt. Auf einem kurzen Abstecher können zudem die sehenswerte Basilika und das Schloss Fürstenau in Steinbach besichtigt werden.

Start/Ziel: Michelstadt, Bahnhof, GPS N 49°41.051' E 009°00.069'

4,8 km

ca. 1 Std. 30 Min.

135 m/135 m

180-297 m

keine bzw. wechselnde Markierungen

Der Weg führt überwiegend über asphaltierte Straßen und feste Belege.

Restaurants in Michelstadts Altstadt (km 0,9), in Michelstadt-Steinbach entlang der Variante Gaststätte zur Gerste

Marktplatz (km 0,9), Park an der Kelterei (km 1), Bank (km 2,4), Park (km 4,2)

Wunderbare Tour mit hohem Erlebnisfaktor. Lediglich rund um den Bahnhof mit den vielen Straßen ist Vorsicht geboten.

Die Tour ist gut mit dem Buggy zu laufen. Kurz vor dem Tempel und auf dem Pfad Altes Hohl ist es mal etwas schmal, uneben und steil.

Der Weg führt überwiegend über festen Belag durch die Stadt. Sie müssen mit vielen Menschen rechnen.

Michelstadt liegt an der Odenwaldbahn, die Erbach mit Darmstadt alle 60 Min. und Frankfurt zweimal pro Stunde verbindet.

Westlich der Altstadt gibt es den Großparkplatz „Altstadt" in der Marktstraße 27, 64720 Michelstadt. Ein kleiner Wanderparkplatz befindet sich am Graf Raimund Platz zwischen Basilika und Schloss (☞ siehe Alternative).

6,7 km mit Abstecher zur Basilika und Schloss Fürstenau

Vom Bahnhof starten Sie Richtung Südwesten (Erbach), um links auf die Bahnhofstraße zu gelangen, die Sie in die Altstadt führt. Zunächst müssen Sie hierfür die Bundesstraße queren. Nach knapp 300 m erreichen Sie die mittelalterliche Altstadt. Geradeaus treffen Sie als Nächstes auf das historische Gasthaus Zum Grünen Baum.

✕ 🛏 Zum Grünen Baum, Große Gasse 17, 64720 Michelstadt, ☏ 060 61/24 09, info@gruenerbaum-michelstadt.com, gruenerbaum-michelstadt.com, Mi-So 11:30-22:30, Gasthaus mit Biergarten und Gewölbekeller

Hier gehen Sie nach rechts und erreichen den Kern der Altstadt. Geradeaus befindet sich der Marktplatz. Sie laufen noch einen Rechtsschlenken, folgen der Unteren Pfarrgasse und biegen dann links ab zum Marktplatz von Michelstadt ❶ (km 0,9).

Am ⌘ Marktlatz befinden sich eine Reihe von historischen Gebäuden. Das Wahrzeichen der Stadt ist das Rathaus von 1484. Links davon steht der Löwenhof – ein als Gasthaus erbauter barocker Bau, der früher als Posthalterei von Thurn und Taxis diente. Wenn Sie zurückschauen, blicken Sie auf das Gebäude der Alten Schmiede aus dem 16. Jahrhundert. Davor schmückt der Marktbrunnen gekrönt vom Heiligen Michael mit Waage und Schwert den Platz. Auf der Südseite des Marktplatzes befindet sich die Alte Hofapotheke. 1557 erbaut handelt es sich um eines der ältesten Gebäude der Stadt. Dahinter in zweiter Reihe befindet sich die Kellerei, auch als Burg bezeichnet. Hier wurden im Mittelalter die Naturalabgaben gelagert. Zu dem Ensemble gehört auch die Kainsbacher Mühle. Es handelt sich um eine Getreidemühle aus dem 15. Jahrhundert, deren Mahlwerk noch funktionstüchtig ist.

Regulär werden sonntags um 14:00 Uhr Besichtigungen angeboten. Anfang 2022 war dies leider nicht möglich. Ein Video auf der Seite der Stadt gibt einen schönen Einblick. An der südwestlichen Ecke der Kellerei befindet sich der Diebsturm. Er wurde bereits 950 erbaut und diente ab dem 14. Jahrhundert als Gefängnis. Aus dieser Zeit hat er seinen Namen.

Weitere Informationen erhalten Sie bei der Stadt Michelstadt, sowie beim Förderverein Historisches Michelstadt e. V.

michelstadt.de,

♦ historisches-michelstadt.de

☺ Ein besonderes Erlebnis ist sicher der Weihnachtsmarkt in der historischen mittelalterlichen Altstadt mit geschmückten Ständen und Handwerkskunst, der weit über die Region hinaus sehr beliebt ist.

Am Rathaus rechts vorbei gelangen Sie zum Kirchplatz. Bei nächster Gelegenheit gehen Sie nach rechts, um zur Kellerei zu gelangen. Halb links hinter der Kainsbacher Mühle queren Sie eine Grünanlage mit ⩩ Bänken und haben einen schönen Blick auf die Kellerei von außen und den Diebsturm.

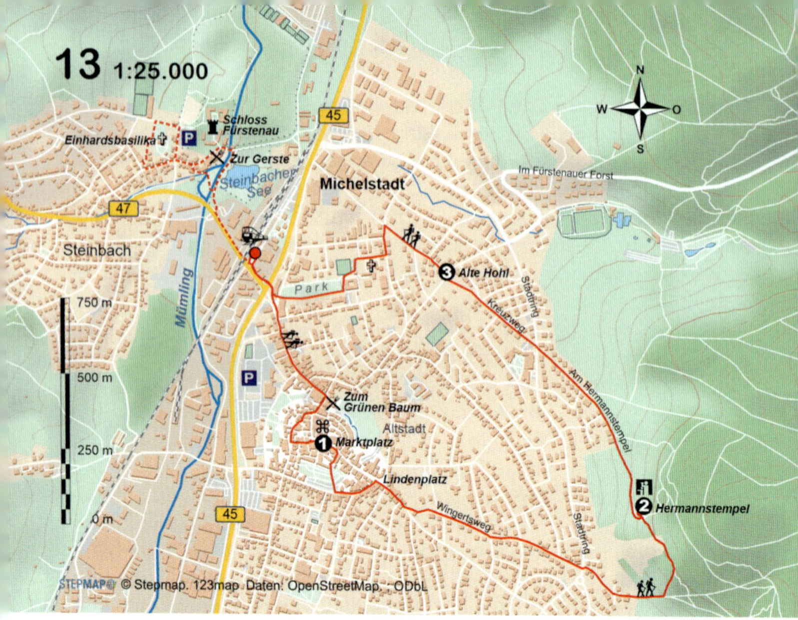

Als Nächstes geht es eine Treppe hinauf. Mit dem Buggy müssen Sie zurück auf die Verlängerung des Marktplatzes und rechts zum Lindenplatz.

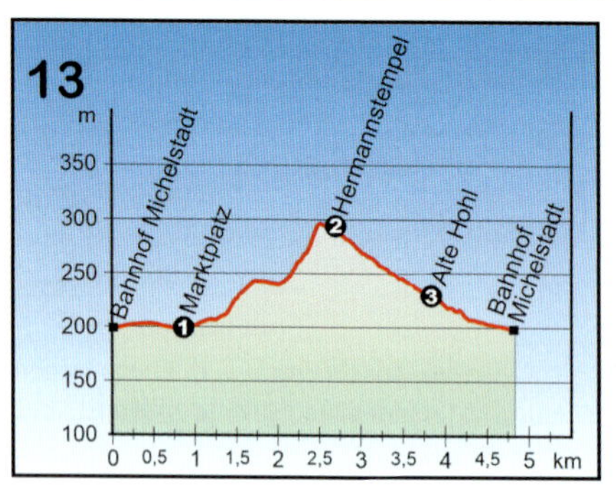

Über eine Treppe gelangen Sie auf die Kellereibergstaße, der Sie nach links folgen. Sie gelangen zum Lindenplatz und verlassen die Altstadt nach rechts Richtung Südosten auf der Friedhofsstraße. Nach wenigen Metern biegen Sie halb links in den Wingertsweg ab. Dieser führt Sie aus der Stadt hinaus.

Es geht leicht bergauf und Sie können halb links im Wald versteckt den Hermannstempel entdecken. Sie queren den Stadtring und laufen geradeaus in die Sackgasse. Es geht bergauf und am Ende der Straße führt der Weg auf einem unbefestigten Pfad weiter.

Nach wenigen Metern haben Sie bereits einen schönen Blick zurück über die Stadt. Linker Hand steht eine Bank (km 2,4) hier gehen Sie nach links. Sie betreten ein Waldstück und folgen dem Wanderweg nach links.

Der Waldweg wird auch von Mountainbikerinnen und Mountainnbikern genutzt.

Wenn Sie aus dem Waldstück heraustreten, liegt der Tempel direkt vor Ihnen auf einem kleinen Hügel. Vom **Hermannstempel** ❷ (km 2,7) haben Sie einen schönen Blick über die Stadt und das Tal.

Blick vom Hermannstempel

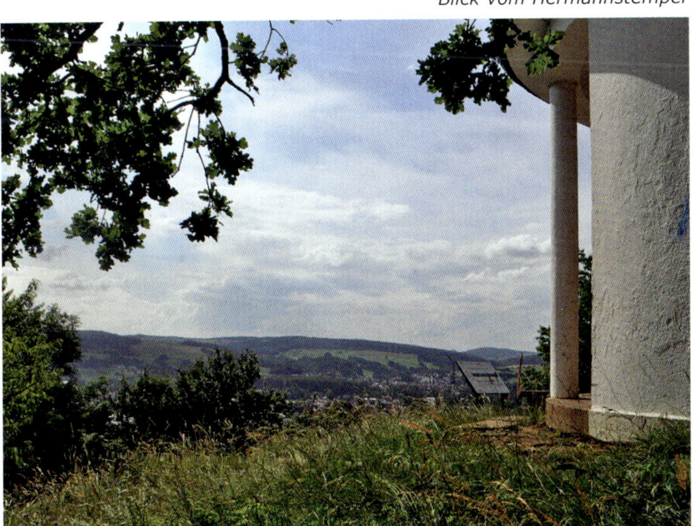

Zurück geht es unterhalb des Tempels in einem großen Linksbogen um die Innenstadt. Der Pfad führt auf die Straße Am Hermannstempel und weiter auf den Kreuzweg, dem Sie immer geradeaus folgen. Sie queren den Stadtring erneut und laufen weiter, bis Sie an eine T-Kreuzung kommen. Leicht nach rechts versetzt können Sie auch hier weiter geradeaus laufen. Sie folgen der Straße Alte Hohl ❸ (km 3,8). Diese geht in einen Pfad über. Unter schattigem Gebüsch geht es bergab.

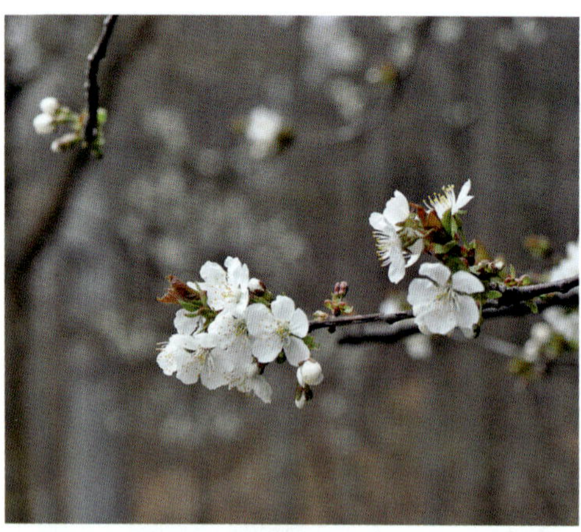

Blühender Zweig im Frühjahr

Sie treffen wieder auf eine Straße, der Sie nach links folgen. Bei zweiter Gelegenheit biegen Sie an der katholischen Kirche rechts ab. Unterhalb der Kirche gehen Sie nach links und gelangen über einen kleinen Pfad zur Stadtverwaltung. Vor dem Gebäude liegt ein Park mit einem schönen, großen, alten Baumbestand und ⛼ Bänken (km 4,2). Der Parkanlage folgend laufen Sie nach rechts. Sie treffen auf die Frankfurter Straße, die Sie queren, um wieder an die Kreuzung mit der Bundesstraße und zurück zum Bahnhof zu gelangen.

↳ Wer möchte, macht noch einen Abstecher zur Einhardsbasilika und Schloss Fürstenau. Queren Sie hierfür die Gleisanlagen und folgen Sie der Bahnhofstraße ein Stück weiter. Noch vor dem Bachlauf der Mümling geht es rechts ab. Sie betreten eine Grünanlage und gehen direkt wieder links über eine Holzbrücke, die über den Bachlauf führt. Auf der Schlossstraße gehen Sie nach links. Hinter der Kreuzung befindet sich auf der rechten Seite der Eingang zur ✞ **Einhardsbasilika** (km 5,3).

✞ Einhardsbasilika, Schloßstraße 17, 64720 Michelstadt-Steinbach, ☏ 060 61/739 67, 💻 schloesser-hessen.de/einhardsbasilika, 🚪 März und Nov 10:00-16:00, April-Okt 10:00-17:00, Dez 11:00-15:00, Eintritt: € 3,50, Familien € 8, Audioguide € 2. Die Einhardsbasilika ist ein kleiner Kirchenbau aus Backstein. Er wurde im 9. Jahrhundert in der Karolinger Zeit erbaut und gilt als eines der letzten authentischen Bauwerke dieser Epoche.

Für einen Blick von außen können Sie die Basilika, der Schloßstraße wenige Meter folgend, umrunden. Hierzu laufen Sie hinter dem Kindergarten in der Alten Schule nach rechts durch eine Grünanlage. Sie treffen auf die Höhenstraße und laufen nach rechts.

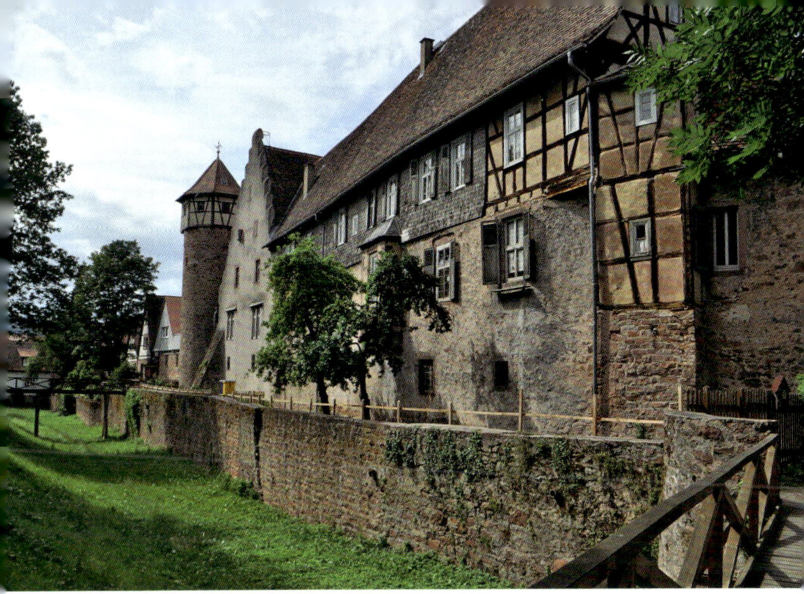

Blick zurück auf die Burg Michelstadt

Geradeaus befindet sich das ♜ Schloss Fürstenau. Kurz davor rechts befindet sich die Parkmöglichkeit am **Graf Raimund Platz**. Der Zugang zum Schloss erfolgt über die Schloßstraße. Nach einer kleinen Runde geradeaus und zweimal links durch den Schlosspark gehen Sie daher wieder geradeaus zur Schloßstraße zurück und auf dieser nach links. Nach wenigen Metern befindet sich der Eingang zum **Schloss Fürstenau** (km 6,2) auf der linken Seite.

♜ Schloss Fürstenau, 64720 Michelstadt-Steinbach, tägl. 9:00-16:00. Das Schloss wurde im 13. Jahrhundert als Wasserburg erbaut. Die Schlossanlage ist bewohnt. Der Hof ist dennoch tagsüber zugänglich.
Gegenüber befindet sich das Gasthaus Zur Gerste mit idyllisch gelegenem Biergarten an der Mümling.

✕ Gasthaus Zur Gerste, Schloßstraße 2, 64720 Michelbach-Steinbach, ☏ 060 61/979 73 13, info@zur-gerste.de, zur-gerste.de, Di-Fr 16:00-22:00, Sa-So 11:00-22:00

Hinter der Mümling führt ein Weg nach rechts durch das Naturschutzgebiet mit dem Steinbacher See. Sie gelangen wieder an die Bahnhofstraße, die Sie zurück zum Bahnhof bringt.

⑭ Zum Wildpark bei Erbach

Tour für sportliche Familien mit vielen Attraktionen

Es handelt sich um eine wunderbare Tour, die für ihre Länge unglaublich viel zu bieten hat und durch den Anstieg auch ein bisschen sportlich ist. Sie führt durch den Wildpark Brudergrund (frei zugänglich), hat an der Mossauer Höhe einen schönen Ausblick, kommt an einer Miniatur-Mühle vorbei und führt schließlich durch die schöne kleine Altstadt von Erbach mit einem imposanten Schloss.

Start/Ziel: Erbach, Bahnhof, GPS N 49°39.389' E 008°59.413'
10,5 km
ca. 2 Std. 30 Min.
250 m/250 m
200-400 m
S5 in gelb
Die Wanderung verläuft überwiegend auf befestigten Forstwegen.
in Erbach (ab km 9,8)
lokale Produkte in der Touristeninfo (km 9,9)
Eingang Wildpark (km 1,6), im Wildpark, Mossauer Höhe (km 4,8), Silberbrünnchen (km 6,4), Sophientempel (km 8,3), Marktplatz (km 9,9)
Wunderbare Tour für Familien mit vielen verteilten Attraktionen. Am Ende in Erbach kann noch eine Stadtrallye absolviert werden
durchgängig feste Wege, etwas sportlich aufgrund des Anstieges
Wenn sich die Vierbeiner mit Wildtieren und kleinen Kindern verstehen, können sie sehr gut mit auf die Tour genommen werden.
Erbach liegt an der Odenwaldbahn, die Erbach mit Darmstadt alle 60 Min. und Frankfurt zweimal pro Stunde verbindet.
P Am Bahnhof gibt es einen Parkplatz. Alternativ können Sie die Mossauer Straße parallel zum Weg hochfahren und den Wanderparkplatz Brudergrund nutzen. Dieser befindet sich am Eingang zum Wildpark.
kurze Variante ohne Aufstieg zur Mossauer Höhe 8,7 km

Vom Bahnhof gelangen Sie auf dem Bahnhofsvorplatz und laufen nach rechts an der Güterhalle entlang. Sie kommen zum Bahnübergang und queren dort die Gleise Richtung Westen. Der Wildpark Brudergrund ist bereits ausgeschildert. Nach wenigen Metern erreichen Sie eine Bushaltestelle. Dort halten Sie sich halb rechts und folgen dem Fußweg zum Wildpark.

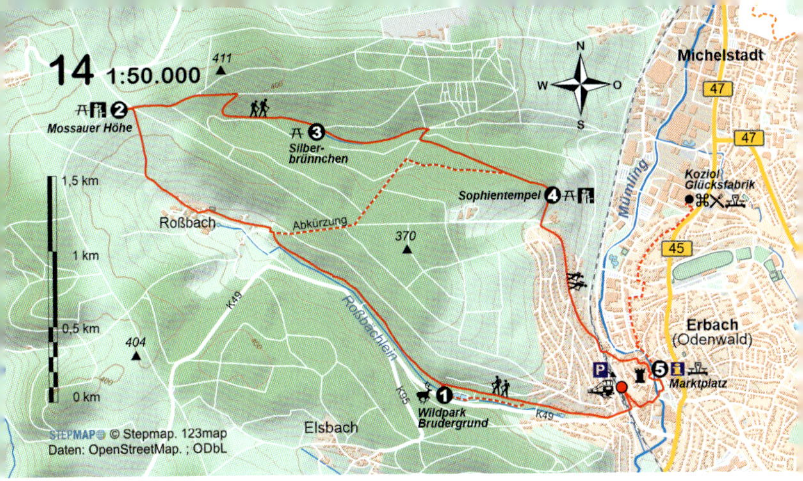

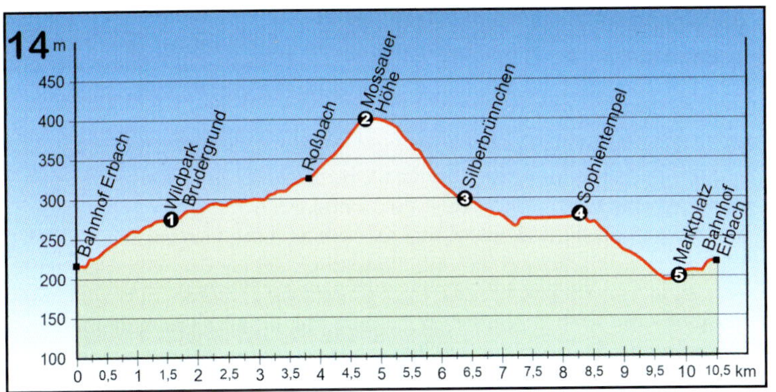

Der Weg führt an einem Bachlauf leicht ansteigend immer geradeaus. Er ist als ✎ S5 markiert. Der Bachlauf liegt unterhalb.

↳ Sie haben die Möglichkeit, auch direkt am Bach entlangzugehen. Nehmen Sie hierzu nach der ersten Kreuzung den kleinen Pfad, der links hinabführt. Im Bachtal gibt es eine ✝ Waldkapelle, eine ⌂ Grillhütte, einen Ententeich und einen Spielplatz.

Dann gelangen Sie zum ersten Gehege und dem Stallgebäude des **Wildparks Brudergrund ❶** (km 1,6).

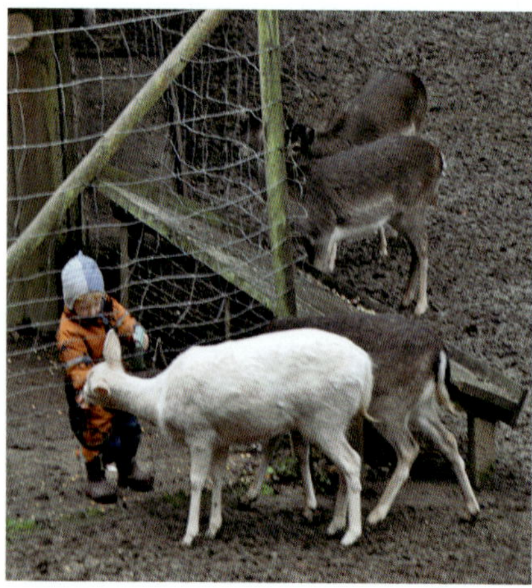
Wildtierpark

Der Wildpark Brudergrund ist jederzeit ohne Eintritt zugänglich. Der öffentliche Weg führt durch die Gehege. An dem Stallgebäude haben Sie Gelegenheit, für € 1 Futter für die Tiere zu erwerben. Viel Spaß beim Füttern!

Der Weg führt rechts vom Gebäude und Gehege weiter das Tal hinauf. Es gibt immer wieder Bänke und Rastplätze sowie Infotafeln, die zum Wald und dessen Lebewesen informieren. Bei den ersten Häusern von **Roßbach** gibt es eine Wegkreuzung (km 3,3).

Hier haben Sie die Möglichkeit, die Wanderung auf 8,7 km abzukürzen und die Tour ohne Mossauer Höhe und Silberbrünnchen zu laufen. Sie nehmen dafür den Weg scharf rechts in den Wald hinein. An den folgenden Kreuzungen laufen Sie zweimal geradeaus, einmal halb links und dann am zweiten Abzweig nach rechts. Sie treffen hier auf einen Wanderweg, der mit der roten Raute markiert ist, und folgen diesem nach rechts. Achtung, geradeaus ist er auch ausgewiesen, aber dann laufen Sie ihn in die falsche Richtung. Sie gelangen zum Sophientempel ❹ und treffen kurz vorher auf den hier beschriebenen Hauptweg.

An der Kreuzung geht es links, dann rechts und wieder links. Sie folgen weiter dem Weg S5 in den Ort parallel zur Dorfstraße, auf die Sie kurz darauf treffen und der Sie weiter bergan folgen.

☺ Halten Sie Ausschau nach Produkten, welche die ansässigen Bauern direkt vertreiben.

Die Straße führt in leichten Bögen hinauf zur Mossauer Höhe. Hierzu halten Sie sich an der Gabelung rechts. Sie gelangen zur **Mossauer Höhe** ❷ (km 4,8). Links befindet sich ein Rastplatz, eine schöne Liegebank und ein Wanderparkplatz.

Sie haben einen herrlichen Rundumblick zurück über das Tal und auf der anderen Seite Richtung Mossautal. Vom Rastplatz kommend gehen Sie geradeaus (nicht halb rechts). Der Weg führt halb links in den Wald hinein, während der Alemannenweg am Waldrand entlang weiterführt. An der nächsten Gabelung halten Sie sich halb rechts. Kurz darauf geht es an einer Spitzkehre nach rechts und der Weg macht direkt wieder eine Linkskurve. Bevor der Weg (dem Sie nicht folgen) eine weitere Linkskurve macht und wieder bergan führt, befindet sich rechts ein Rastplatz an einem Bach und das **Silberbrünnchen ❸** (km 6,4). Es handelt sich um ein Miniaturgebäude. Ein kleiner Bach treibt ein Wasserrad an, welches ein Karussell und eine Wippe bewegt.

Silberbrünnchen

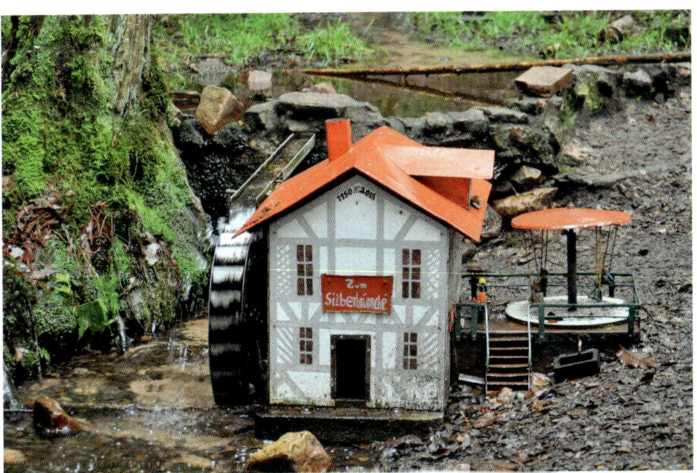

Lassen Sie sich nicht von der frühzeitigen Ankündigung, dass der Weg rechts abbiegt, irritieren, auch wenn direkt danach die Möglichkeit besteht, auf einen parallel verlaufenden Forstweg zu gelangen. Es geht erst nach dem Silberbrünnchen nach rechts.

An der nächsten Kreuzung mit einer Vielzahl an Wegweisern geht es scharf rechts. Sie queren den Bachlauf. Es geht einige Meter hinauf und dann wieder nach links. Der Weg führt durch einen Nadelwald mit sehr hohen Bäumen. Schließlich macht der Weg eine Rechtskurve.

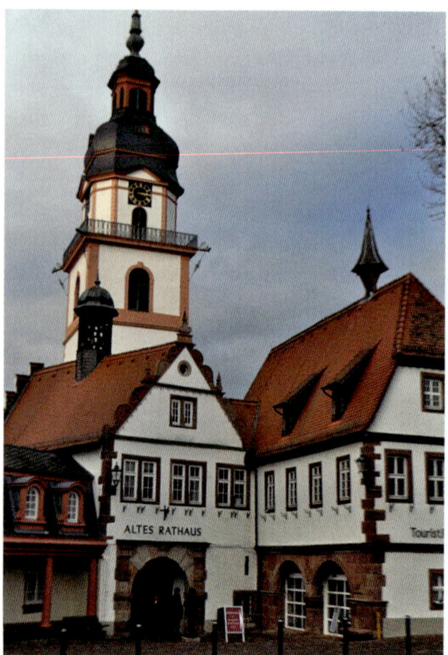

Rathaus in Erbach

Sie haben einen wunderbaren Blick über das Tal mit Erbach und Michelstadt. Rechter Hand befindet sich der kleine **Sophientempel** ❹ (km 8,3) und ein Rastplatz sowie eine Liegebank – ideal für eine Pause und ein Schläfchen für Waldzwerge. Bei den ersten Häusern folgen Sie halb links der Sophienstraße nach Erbach hinab. Nach links geht es unter der Bahn durch. An der Ampel queren Sie die Straße.

Hier würden Sie nach rechts direkt zum Bahnhof gelangen.

Der Weg führt geradeaus weiter in die Altstadt. Sie gelangen zum Tempelhaus und betreten die **Altstadt von Erbach** durch die Erasmus-Pforte. Sie folgen der dahinterliegenden Straße nach links und kommen zum Markt ❺ (km 9,9). Dort befindet sich die Touristeninformation, welche auch lokale Produkte verkauft.

Odenwald-Regional-Gesellschaft mbH, Marktplatz 1, 64711 Erbach, 060 62/94 33 80, info@oreg.de, oreg.de, tägl. April-Okt 10:00-17:00, Nov-März tägl. 11:00-16:00

☺ Durch die Altstadt gibt es eine **Stadtrallye** für Kinder. Wer die Fragen beantwortet und das Lösungswort herausgefunden hat, kann sich in der Touristeninfo eine Urkunde ausstellen lassen. Die Anleitung finden Sie im Internet, wenn Sie „Kinder-Stadtrallye Erbach im Odenwald" suchen.

Der Markt wird an seiner Westseite vom imposanten Gebäude des Schlosses begrenzt. Hier finden alljährlich Ende Juli der Wiesenmarkt und im Dezember die Schlossweihnacht statt.

⌘ ♜ **Schloss Erbach**: Erste Bautätigkeiten gehen auf das 12. Jahrhundert zurück. Der Bergfried ist der älteste erhaltene Gebäudeteil. Das heutige Schloss wurde im 18. Jahrhundert auf den Grundmauern eines Vorgängerbaus aus der Renaissance errichtet. Die neobarocke Dekoration erhielt es Anfang des 20. Jahrhunderts. Das Schloss kann nur im Rahmen einer Führung betreten werden. Heute beherbergt es die gräfliche Sammlung von Graf Franz I. zu Erbach-Erbach. Sie umfasst u. a. Waffen, Rüstungen, Geweihe und Antiken von seiner Italienreise im 18. Jahrhundert. Ohne Führung besichtigt werden kann das Deutsche Elfenbeinmuseum.

⌘ Gräfliche Sammlung und Elfenbeinmuseum, Marktplatz 7, 64711 Erbach im Odenwald, ☏ 060 62/80 93 60, ✉ info@schloss-erbach.de, 💻 schloss-erbach.de, 🚪 Führungen siehe Homepage, Elfenbeinsammlung tägl. 10:00-16:00

↳ Wer noch Zeit und Energie hat, dem sei ein Abstecher zur **Koziol Glücksfabrik** empfohlen. Sie ist in 1,5 km erreichbar. Es handelt sich um eine lokale Firma, deren Produkte Sie ggf. aus Haushaltsläden kennen. Sie entwerfen, entwickeln und produzieren am Standort hochwertige Designprodukte aus Kunststoff. Neben einem Ladengeschäft gibt es ein ⌘ Museum, eine ✕ Kantine und ein Outlet.

Um dort hinzugelangen, gehen Sie vom Marktplatz an der Touristeninformation über die Mümling und dann auf der Hauptstraße nach links. An der Gabelung gehen Sie halb links in die Werner-von-Siemens-Straße und direkt wieder rechts in die Bleichstraße. Die Straße macht einen Linksknick, führt geradeaus und macht einen Rechtsknick, ab wo sie Untere Seewiese heißt. Danach biegen Sie links ab. Die Straße macht einen weiteren Linksknick. Sie laufen aber geradeaus in den Fußweg. An der folgenden T-Kreuzung gehen Sie auf der Straße An der Zentlinde nach links und direkt wieder rechts. Im großen Bogen parallel zur Bundesstraße gelangen Sie zu einem Kreisel. Dahinter geradezu befindet sich die Koziol Glücksfabrik.

⌘ ✕ Koziol Glücksfabrik, Werner-von-Siemens-Straße 90, 64711 Erbach, ☏ 060 62/604-325, ✉ gluecksfabrik@koziol.de, 💻 koziol-gluecksfabrik.de, 🚪 Fr-Sa 10:00-18:00, So 14:00-18:00, ⌘ Museum Sa 11:00-17:00, So 14:00-17:00

Der markierte Weg führt die Bahnstraße Richtung Bahnhof wieder hinauf. Gegenüber vom Schloss befindet sich aber noch der Lustgarten, der einen Abstecher lohnt. Sie queren den Flusslauf der Mümling und gelangen in den Lustgarten. Rechts am südwestlichen Ende der Parkanlage folgen Sie wenige Meter der Mümling und queren diese dann wieder. Sie folgen der Straße geradeaus und biegen dann rechts in die Bahnstraße ein. Der Weg führt über die Bahnstraße und die Alte Poststraße wieder hinauf zum Bahnhof.

15 Vom Main nach Bad König

Tour mit grandiosen Ausblicken für Streckenwanderinnen und -wanderer

Diese landschaftlich abwechslungsreiche Wanderung führt von Laudenbach am Main im bayerischen Unterfranken am Main ins Innere des Odenwaldes nach Bad König. Sie steigen vom Main her auf, queren den Limes und laufen mit grandiosen Ausblicken in den Odenwald sowie in den im Tal gelegenen Kurort Bad König hinunter. Bad König ist für seine Thermalquellen bekannt. Die Tour lässt sich herrlich mit einem Besuch im Thermalbad verbinden.

→ Start: Laudenbach, Bahnhof, GPS N 49°44.521' E 009°10.759', Ziel: Bad König, Bahnhof, GPS N 49°44.311' E 009°00.101'

16,3 km

ca. 4 Std. 30 Min.

↑↓ 450 m/407 m

⇧ 126-457 m

Grüner Balken auf weißem Grund. Die Wanderung folgt dem Odenwald-Hauptwanderweg Nr. 16, der den Odenwald in Ost-West-Richtung quert.

Die Wanderung verläuft auf befestigten Forstwegen. Nur kurze Abschnitte sind asphaltiert.

Restaurant Goldener Engel (km 0,4), Weiler Bremhof (km 6,5), in Bad König (ab km 15,5)

Metzgerei (km 15,7)

Bank am Ortsausgang (km 1,6), Klangsteinbruch (km 2,5), Bank mit Ausblick (km 10,2), Seniorenhütte (km 10,3), Bank am Odenwaldbaum (km 11,2), Rastplatz am Gesundheitsbrunnen (km 12,4), Georg-Vetter-Hütte (km 13,9)

Odenwald-Therme in Bad König (km 15,7)

Erkunden Sie den Klangsteinbruch Laudenbach und spielen Sie am Ende in Bad König eine Runde Minigolf im Kurpark.

Die Tour ist im Wesentlichen mit Buggy machbar. An einem Steilstück empfiehlt sich, das Kind wenn möglich rückwärtszusetzen.

geeignet, überwiegend auf weichen Wegen

Laudenbach liegt an der Bahnlinie Aschaffenburg– Miltenberg. Die Züge verkehren halbstündlich. Bad König liegt an der Odenwaldbahn, die Erbach mit Darmstadt alle 60 Min. und Frankfurt zweimal pro Stunde verbindet.

☹ P Die Tour verbindet zwei Täler in zwei unterschiedlichen Bundesländern miteinander, daher ist die Verbindung des Ausgangs- und Endpunktes mit dem öffentlichen Nahverkehr denkbar schlecht. Eine An- und Abreise in Kombination mit dem Auto empfiehlt sich nicht.

mit Abstecher zur Nachbildung eines römischen Limes-Wachturms 19,3 km

Laudenbach am Main besitzt eine kleine Bahnstation südöstlich des Ortskernes. Die Bahnlinie verläuft hier zwischen Main und Bundesstraße entlang. Daher führt der Weg zunächst unter der Bundesstraße durch und dann nach rechts. An der Unterführung befindet sich eine erste Markierung des Wanderwegs Nr. 16 mit dem grünen Balken auf weißem Grund.

Noch vor der Dorfkirche, direkt an der ersten Kreuzung im Ort, befindet sich rechter Hand eine kleine Kapelle. Gegenüber steht das Haus zum Goldenen Engel mit Restaurant und Metzgerei und links geht die Dorfstraße ab. Dieser folgt der Weg das Tal des Laudenbachs hinauf.

Goldener Engel, Miltenberger Straße 5, 63925 Laudenbach, ☏ 093 72/999 30, goldner-engel@t-online.de, goldner-engel.de, Do-Di 11:30-14:30, Do-Mo 17:30-21:30

Weg mit Weitblick

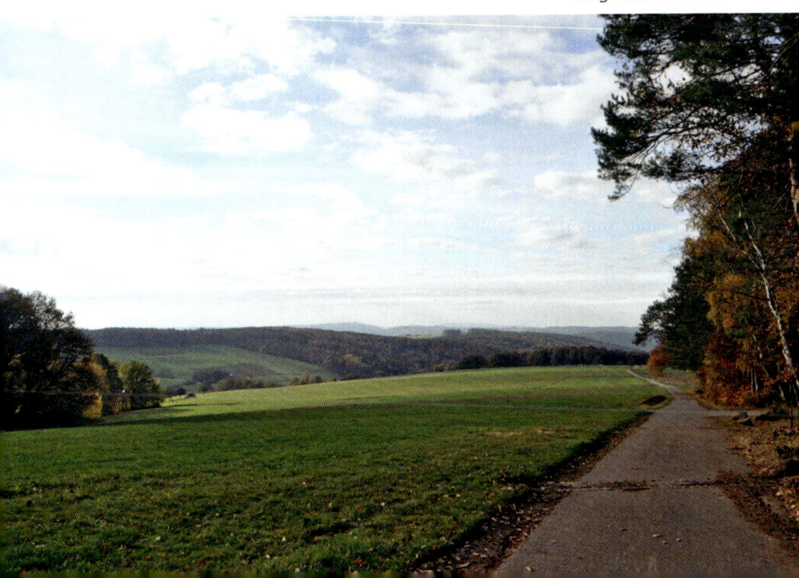

Links befindet sich die Mauer des höher gelegenen Schlossparks und es folgt das stattliche Gebäude des Schlosses. An der nächsten Kreuzung gibt es eine kleine Aufweitung zu einem Platz mit Brunnen. An der Gabelung führt der Weg halb rechts weiter das Tal hinauf. Die Straße heißt nun Mühlweg. Das letzte Haus vor dem Waldrand ist das Wasserwerk. Es gibt eine ⩩ Bank ❶ (km 1,6) mit Blick zurück zum Ort.

Bank mit Aussicht

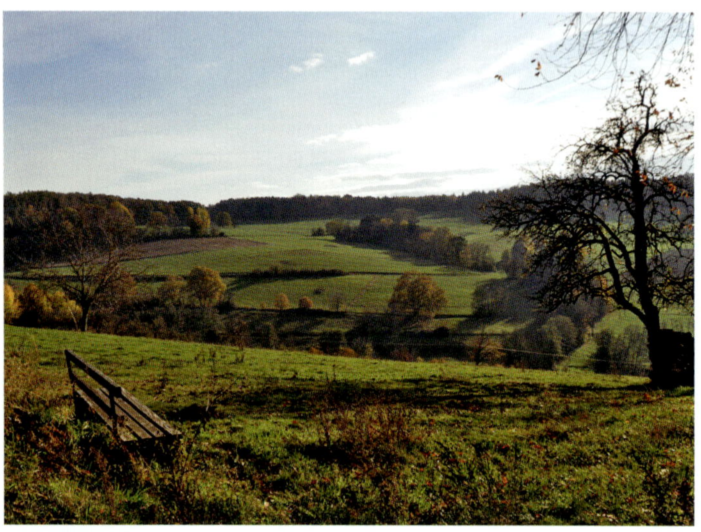

Sie nehmen den rechten Weg und steigen langsam weiter bergan. Am Weg befinden sich Fischteiche. Der Weg führt nach rechts, Sie gehen aber zunächst knapp 100 m nach links zum **Klangsteinbruch** ❷ (km 2,5) mit Klangspielen und ⩩ Rastplatz.

☺ 👪 Für den bayerischen Odenwald typisch ist der rote Sandstein. Dieser wurde in der Vergangenheit abgebaut und in Gebäuden verbaut. Zurück bleiben ehemalige Sandsteinbrüche. Die Gemeinde Laudenbach hat sich eine besondere Umnutzung einfallen lassen und ihn zu einem Ort der Bewegung und des Erkundens von Klanginstallationen aus natürlichen Materialien – zu einem Klangsteinbruch – umgebaut.

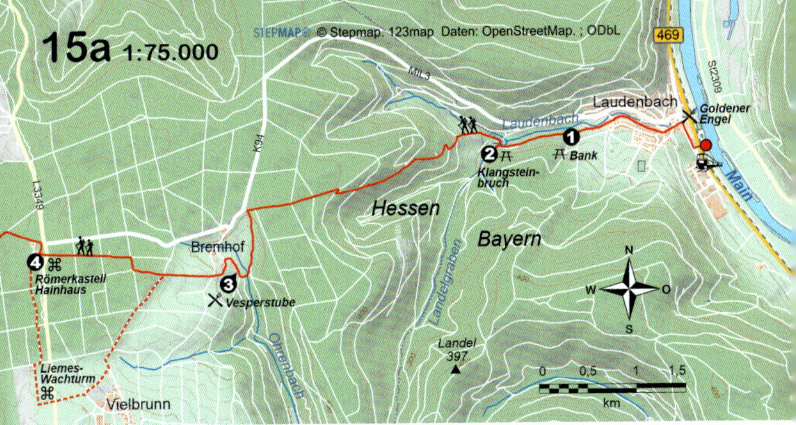

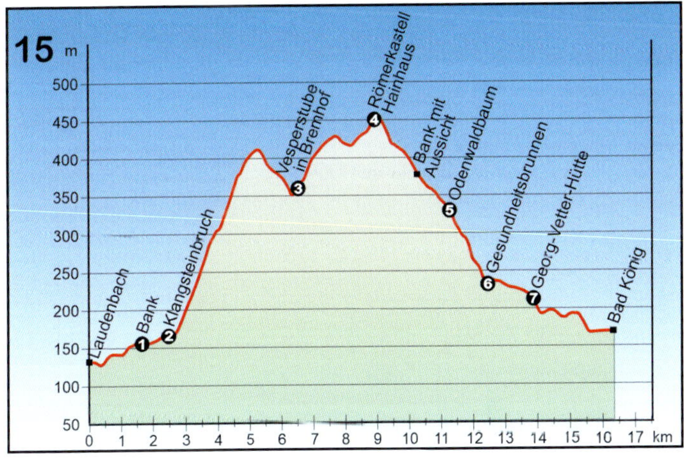

Vom Klangsteinbruch zurück am Weg halten Sie sich links und laufen weiter das Tal hoch an Weiden mit Kühen und Schafen vorbei. An der nächsten Kreuzung führt der Weg halb links vom Bachlauf weg. Auf der Forststraße geht es rechts bergauf. Sie schlängelt sich den Berg hoch. Der erste Abzweig nach links bleibt unbeachtet. Erst nach einem ordentlichen Aufstieg und wenn die Forststraße scharf nach rechts abknickt, verlassen Sie diese auf dem Waldweg geradeaus. Die folgenden Kreuzungen bleiben unbeachtet. Der Weg führt immer geradeaus leicht bergan bis zu einer T-Kreuzung mit einer Forststraße. Dieser folgen Sie nach rechts, um dann gleich wieder links abzubiegen.

An der nächsten Kreuzung mit einer Forststraße geht es weiter geradeaus. Es ist zunächst der höchste Punkt erreicht. Der Weg führt leicht bergab Richtung Straße. Sie überqueren den Wanderparkplatz Bremer Hof und kurz vor der Straße geht es links ab. Weiter leicht bergab führt der Weg am Waldrand um den Weiler Bremhof. Südöstlich des Dorfes gehen Sie nach rechts über einen kleinen Wasserlauf und kommen zur ✕ **Einkehr Bremhof ❸** (km 6,5).

✕ Gaststätte Vesperstube Einkehr Bremhof, Bremhof 2a, 64720 Michelstadt-Vielbrunn, ☎ 060 66/682, Mo-So 12:00-20:00, gute Möglichkeit für eine Rast mit Kochkäse oder Schnitzel

Nun geht es wieder leicht bergan, zunächst durch den Ort. Oberhalb der Einkehr Bremhof biegen Sie links ab und kommen an einem Geflügelhof vorbei. Die Gänse haben Sie mit ihrem Geschnatter wahrscheinlich schon einige Zeit begleitet. Direkt hinter dem Hof geht es nach rechts. Es werden die Felder Richtung Wald gequert. Genießen Sie den weiten Blick und den Wind um die Ohren.

Nicht weit von hier steht eine Nachbildung eines römischen **Limes-Wachturmes**. Mit einem Umweg von knapp 3 km können Sie dort vorbeilaufen. Halten Sie sich am Waldrand hierfür links und laufen Sie an dieser entlang, bis Sie zum Gewerbegebiet von Vielbrunnen kommen. Dort biegen Sie recht ab und laufen dann direkt auf den Turm zu.

⌘ Liemes-Wachturm Vielbrunn, Sa-So 10:00-18:00 und nach Anmeldung bei der Gästeinformation Michelstadt: ☎ 060 61/979 41 10, touristik@michelstadt.de

Um wieder auf den Weg zurückzugelangen, laufen Sie weiter geradeaus auf den Waldrand zu.

Sie queren die Lande-/Startbahn des Flugplatzes Vielbrunn.

Am Waldrand biegen Sie nach rechts ab, laufen am Flugplatz entlang und am Ende rechts, um dann links in den Wald einzubiegen. Nun immer geradeaus gelangen Sie zum Römerkastell Hainhaus.

Der Weg führt geradeaus in den Wald. An der nächsten Kreuzung geht es nach rechts und noch vor der Straße wieder nach links. Der Weg führt ein Stück parallel zur Straße, um dann auf die L3349 zu treffen und diese zu queren. Direkt dahinter liegt das ehemalige **Römerkastell Hainhaus ❹** (km 8,9).

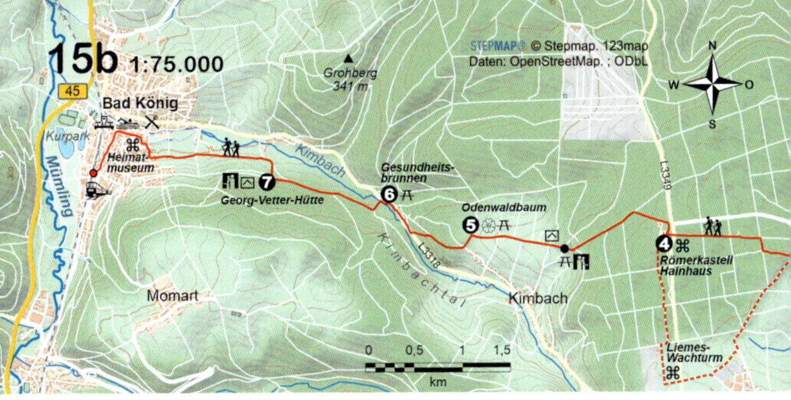

⌘ Römerkastell Hainhaus: Um 100 n. Chr. sicherten die Römer mit dem Odenwald-Limes die neu eroberten Gebiete östlich des Rheins. Auf einer Strecke von knapp 80 km wurden Kastelle und Wachtürme errichtet, die in einer Schneise Sichtkontakt hatten. Das Kastell Hainhaus und der Limes-Wachturm Vielbrunn gehörten zu dieser Wehranlage. Das Kastell ist nur noch an Geländespuren erkennbar. Im 18 Jahrhundert wurde dort von der Fürstenfamilie Löwenstein-Wertheim ein Jagdschloss errichtet.

Der Weg führt weiter Richtung Norden – aus der Ursprungsrichtung kommend nach rechts. Sie kommen zu einem Parkplatz, an dem Sie links abbiegen. Nun geht es immer das Kimbachtal Richtung Bad König hinab. An der nächsten T-Kreuzung gehen Sie halb links. Zügigen Schrittes geht es leicht bergab durch den Wald. Beim Verlassen des Waldes treffen Sie auf ein Asphaltsträßchen und haben einen großartigen Blick über den Odenwald. Nach wenigen Metern steht auf der rechten Seite eine Bank (km 10,2), von der aus sich der Blick genießen lässt. Wenige Meter weiter steht eine Schutzhütte.

Der Weg führt über die Felder zum gegenüberliegenden Waldrand. Dort steht der **Odenwaldbaum ❺** (km 11,2) mit Bank.

Beim Odenwaldbaum handelt es sich um eine rund 300 Jahre alte Eiche. Sie ist als Naturdenkmal registriert und soll für ein Gedicht bzw. Wanderlied, welches neben dem Baum steht, inspirationgebend gewesen sein.

An der Eiche führt der Weg nach links und biegt dann in den Wald halb rechts ab. Leichten Schrittes geht es auf dem breiten Waldweg Richtung Bad König hinab.

Nach wenigen Metern geht es nach links auf einen naturnahen Pfad. Dieser führt steil bergab und ist mit dem Buggy eine echte Herausforderung. Es empfiehlt sich, das Kind wenn möglich rückwärtszusetzen.

Sie erreichen die Straße und laufen einige Meter parallel rechts von ihr auf einem höher gelegenen Forstweg weiter. Dann queren Sie die Straße. Der Weg führt zwischen den beiden großen Steinen halb rechts weiter zum **Gesundheitsbrunnen ❻** (km 12,4) mit überdachtem Rastplatz. Ein Schild weist darauf hin, dass es kein Trinkwasser sei, aber die Einheimischen vor Ort schätzen die Wasserqualität sehr und kommen zum Auffüllen von Wasserbehältern hierher.

Hinter dem Brunnen führt der Weg nach links und über den Kimbach. Der Weg verläuft nun auf der anderen Seite parallel zum Kimbach nach rechts Richtung Bad König. An der nächsten Kreuzung geht es nach links und wenige Meter später mit einer Rechts-links-Kombination näher an den Bach. Als Nächstes gelangen Sie zur Georg-Vetter-Hütte ❼ (km 13,9). Sie haben einen schönen Blick nach Bad König.

Um ins Ortszentrum zu gelangen, verlassen Sie den Hauptwanderweg Nr. 16 mit der Markierung grüner Balken auf weißem Grund. Sie gehen ein Stück weiter nach unten ins Tal und nehmen den nächsten Weg nach links. Der Weg führt auf einen Friedhof zu, an dem Sie links entlanglaufen. Sie erreichen **Bad König**. Nach den ersten drei Häusern biegen Sie rechts auf eine Treppe ab. Es geht wenige Stufen hinunter. Lassen Sie sich nicht von dem Sackgassenschild irritieren. Der Weg führt zu einer Parkanlage mit Spielplatz, an dem Sie weiter entlanglaufen und dann links in die Mühlstraße einbiegen. Sie haben einen schönen Blick auf den Turm der Kirche am Schlossplatz. Um dorthin zu gelangen, biegen Sie an der nächsten Kreuzung links ab. Das Schloss befindet sich links an der südlichen Platzseite. Es beherbergt ein Heimatmuseum.

⌘ Heimatmuseum, Schloßplatz 3, 64732 Bad König, ☏ 060 63/50 09 34, hgv-badkoenig.de, jeden ersten und dritten So im Monat 10:30-12:00

An der rechten nördlichen Platzseite befindet sich eine Metzgerei, ein Direktvermarkter, bei dem Sie sich mit Fleischprodukten aus dem Odenwald versorgen können. Eine weitere lokale Metzgerei befindet sich dort, wo Sie auf die Hauptgeschäftsstraße treffen.

Landmetzgerei Urich, Schloßplatz 11, 64732 Bad König, ☏ 060 63/91 22 80, landmetzgerei-urich.de, Di-Do 7:00-13:00, 14:30-18:00, Fr 7:00-18:00, Sa 7:00-13:00, sowie Verkauf im Online-Shop

Ebenfalls vom Platz an der Nordseite geht die Alexanderstraße ab. Dort das erste Haus auf der linken Seite beherbergt das Georg-Vetter-Museum.

⌘ Das Georg-Vetter-Museum ist dem freien Künstler und Zeichner Georg Vetter gewidmet, der in Bad König geboren wurde und dort gelebt hat. Er hat eine Vielzahl an Bildern, Zeichnungen und Skizzen zu Natur, Landschaft und Tieren hinterlassen.

♦ Alexanderstraße 2, 64732 Bad König, ☏ 060 63/91 22 81, traudelurich@gmx.de, georg-vetter-museum.de, So 10:30-12:00 oder nach telefonischer Vereinbarung, aktuell nur nach telefonischer Vereinbarung (Stand Feb 2022)

Der Weg führt weiter an der Platznordseite entlang und auf der Elisabethenstraße hinab. Rechter Hand befindet sich die **Odenwald-Therme** (km 15,8). Bad König ist als Kurbad für seine Eisenquellen bekannt. Die Therme umfasst ein Thermalbad, eine Saunalandschaft und eine Salzgrotte.

Odenwald-Therme, Elisabethenstraße 13, 64732 Bad König, ☏ 060 63/578 50, odenwald-therme.de, Mo-So 9:00-22:00, Eintritt: ab € 17,50, ☺ an Ihrem Geburtstag erhalten Sie freien Eintritt.

Am Platz mit Brunnen biegen Sie in die Hauptgeschäftsstraße, die Bahnhofstraße, ein und folgen dieser bis zum Bahnhofsvorplatz.

Metzgerei Schlößmann, Frankfurter Straße 2, 64732 Bad König, ☏ 060 63/14 64, metzgerei-schloessmann.de, Mo-Fr 7:30-18:00, Sa 7:15-13:00

☺ Wenn noch Zeit bis zur Abfahrt Ihres Zuges bleibt, bietet sich ein Abstecher in den Kurpark mit Wasserspielplatz und Minigolfanlage auf der anderen Seite der Bahngleise an.

⑯ Zum Marbach-Stausee

Tour für sportliche Familien mit Erlebnisfaktor

Diese abwechslungsreiche Tour führt zu einem alten Bahnviadukt, welches noch immer genutzt wird. Am Bachlauf entlang gelangen Sie zum Marbach-Stausee, in dem gebadet werden kann. Im Bogen an einer Einkehrmöglichkeit mit Biergarten, Spielplatz und Tieren vorbei geht es über eine Anhöhe zurück. Vom Höhenrücken haben Sie einen schönen Blick ins Tal und auf die gegenüberliegende Hügelkette.

Start/Ziel: Oberzent-Hetzbach, Bahnhof, GPS N 49°35.703' E 008°59.565'

8,8 km

ca. 2 Std.

230 m/230 m

269-410 m

keine bzw. wechselnde Markierungen

Forstwege abwechselnd mit asphaltierten Wegen

Gasthaus zur Bauernschenke in Etzean-Oberzent (km 6,1)

Viadukt (km 1), Stausee Nähe Staumauer (km 2,4), Badestelle (km 3,2), Bank am Waldrand (km 5,6), Bank mit Aussicht (km 5,9), Ortsteiltreffpunkt (km 7,9)

Freibad nahe Start/Ziel

Es handelt sich um eine Tour, die für Kinder sehr gut geeignet ist, da sie nicht so lang ist und es drei gut verteilte Attraktionen gibt. Lediglich am Ende die Bahnhofstraße könnte die Motivation etwas leiden.

Diese Wanderung kann auch mit dem Buggy gegangen werden. Einzige Einschränkung ist der sportliche Anstieg nach der Badestelle hoch zur Einkehrmöglichkeit (135 Höhenmeter auf 2 km).

Die Wanderung kann auch mit Vierbeinern unternommen werden, allerdings gibt es einige Abschnitte auf asphaltierten Wegen, im Sommer dürfte am See viel Betrieb sein und beim Abstieg über die Weiden müssen die Hunde an die Leine.

Ab Oberzent-Hetzbach, Bahnhof fährt die Odenwaldbahn alle zwei Stunden Richtung Eberbach am Neckar bzw. Frankfurt/Darmstadt.

Unter Oberzent-Hetzbach wird die Station in der RMV-App geführt. Die DB nennt sie Hetzbach-Bahnhof. Es gibt auch die Version Beerfelden-Hetzbach z. B. bei Google-Maps und in der Bahn auf der Anzeige sowie bei der Ansage. Dies liegt u. a. an der Fusion mehrerer Gemeinden zu der 2018 neu gebildeten Stadt Oberzent, zu der Hetzbach und Beerfelden nun als Ortsteile gehören.

Sie können am Bahnhof bzw. in der Bahnhofstraße parken.

ohne Einkehr 8,3 km

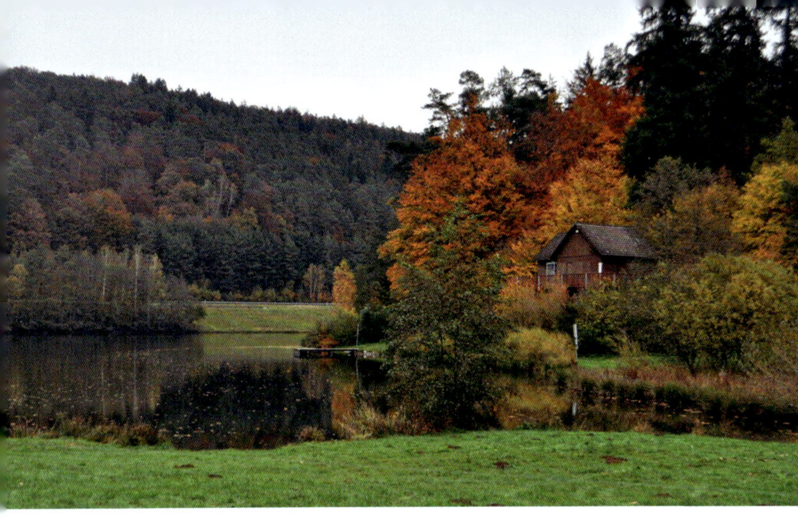

Einsame Badestelle im Herbst

Sie verlassen den Bahnsteig und gehen rechts bergab die Bahnhofstraße hinunter. Das Himbächel-Viadukt ist ausgeschildert. Sie laufen auf einem Zubringer des Nibelungensteigs (✎ grünes N auf weißem Grund) bis zum Viadukt.

↳ Links unterhalb des Weges befindet sich ein Freibad.
Mümlingtalbad Hetzbach, Schwimmbadstraße 22, 64760 Hetzbach-Oberzent, ☎ 060 68/941 36 00, 💻 stadt-oberzent.de, 🚪 Mai-Sep Mo-Fr 12:00-19:00, Sa-So 10:00-19:00, in den Sommerferien tägl. 10:00-19:00

✋ Beim Verlassen des Ortes müssen Sie ein Stück auf der Straße laufen, da kein Bürgersteig existiert. Insbesondere mit Kindern bitte aufpassen.

Nach wenigen Metern befindet sich halb rechts das **Himelbächel-Viadukt ❶** (km 1). Wenn Sie aus Richtung Norden mit der Bahn gekommen sind, haben Sie es bereits passiert. Am Viadukt befindet sich ein ⛼ Rastplatz.

⌘ Das Himelbächel-Viadukt wurde 1881 errichtet. In zehn Bögen wird das 250 m weite Tal des gleichnamigen Baches auf 43 m Höhe überspannt. Das Viadukt ist damit die höchste Eisenbahnbrücke in Hessen. In seiner Gestaltung orientierte es sich an antiken römischen Viadukten. Das Erscheinungsbild ist geprägt von dem vor Ort gebrochenen Buntsandstein. Aufgrund seiner ästhetischen und technischen Leistung gilt es als Wahrzeichen der deutschen Ingenieurbaukunst.

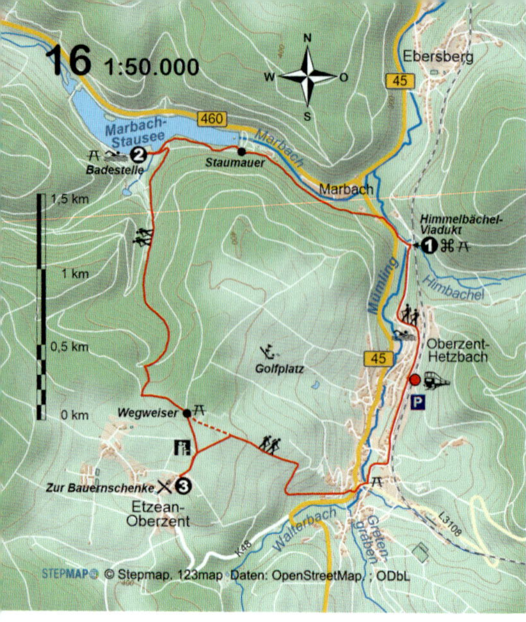

Vorm Viadukt laufen Sie links zur Bundesstraße und folgen dieser wenige Meter nach rechts auf dem parallel verlaufenden Weg. Am Ende des Wegs überqueren Sie die Bundesstraße und laufen den ansteigenden Weg in den Wald hinauf. Auf einem auch als Radweg ausgewiesenen Forstweg gelangen Sie durch herrlichen Mischwald zum Marbach-Stausee (km 2,4). Hinter der Staumauer gehen Sie hinunter ans Ufer und laufen an der Südseite des Sees entlang. Es gibt einen Rastplatz. Sie befinden sich am Surf- und Segelbereich – hier ist Baden nicht erlaubt. Die Badestelle befindet sich hinter dem Steg und dem Holzhaus des Rettungsdienstes. Am Holzhaus treffen Sie auf einen befestigten Weg mit wassergebundener Oberfläche, dem Sie zunächst nach rechts folgen. Sie queren einen Bachlauf und erreichen die **Badestelle ❷** (km 3,2) mit Rastplätzen und großer Liegewiese.

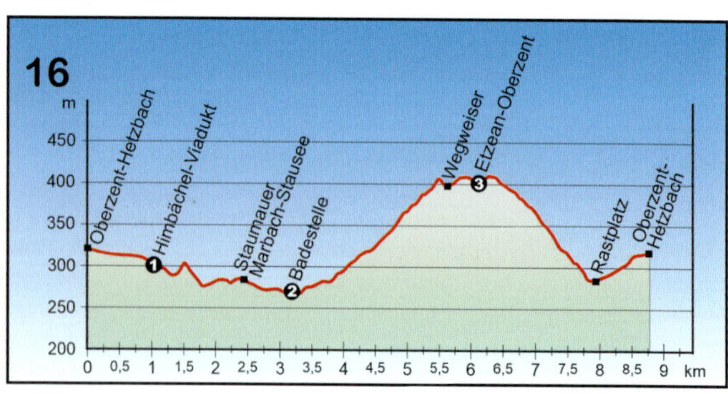

Um das Bachtal hinaufzulaufen, gehen Sie auf dem befestigten Weg wenige Meter zurück. Oberhalb des Holzhauses treffen Sie auf einen Forstweg, dem Sie nach rechts folgen. Sie gehen an der linken/östlichen Seite des Baches entlang. Hinter der Schranke laufen Sie geradeaus und bleiben auf dem Hauptweg. Es geht kontinuierlich bergauf.

Auf den letzten Metern durch den Wald mündet ein Weg von links in Ihren Weg ein. In einer Linkskehre geht rechts ein Weg ab, dem Sie nicht folgen. Dann erreichen Sie den Waldrand und laufen bei nächster Gelegenheit links über die Weiden. Es geht nochmals ein paar Meter hinauf. Sie erreichen eine größere Wegkreuzung mit Bank und Wanderwegweiser (km 5,6). Rechts über die Weiden ist Beerfelden ausgeschildert. Dem Weg folgen Sie zur Einkehrmöglichkeit in Etzean-Oberzent.

Wer direkt zum Bahnhof zurück möchte, kann an der Kreuzung geradeaus laufen und spart ca. 500 m. Es handelt sich um das Asphaltsträßchen, was hinunter ins Tal führt.

Nach wenigen Metern stehen unter Bäumen zwei Bänke (km 5,9) mit herrlichem Blick über das Tal. Aber es ist auch nicht mehr weit bis zur Einkehrmöglichkeit ❸ (km 6,1) im Ortsteil Etzean mit Biergarten, Spielplatz und Tieren wie Ponys und Ziegen. Das Gasthaus befindet sich im ersten Gebäude auf der linken Seite.

Gasthaus zur Bauernschenke, Zum Bubenkreuz 11, 64743 Etzean-Oberzent, ☏ 060 68/13 65, Mi-Fr 17:00-00:00, Sa 15:00-21:00, So 10:00-20:00

Für den Abstieg und Weg zum Bahnhof gehen Sie zurück zu den Bänken unter den Bäumen und biegen an der nächsten Kreuzung halb rechts auf den unscheinbaren Weg über die Wiese ein. Sie laufen auf einen Funkmast zu. Dort treffen Sie auf ein Asphaltsträßchen, dem Sie nach rechts ins Tal hinab folgen. Wer die Einkehrmöglichkeit weggelassen hat, kommt hier von links. Sie haben eine tolle Aussicht über das Tal und die gegenüberliegende Hügelkette. Links befindet sich ein Golfplatz, rechts auf dem Höhenrücken sehen Sie die Kirche und die Häuser von Beerfelden-Oberzent hinter den Bäumen herausschauen.

Sie erreichen die ersten Häuser von Hetzbach-Oberzent. Rechts unterhalb verläuft die Bundesstraße 45. Sie laufen geradeaus auf einen Hof zu. Bevor Sie das Grundstück betreten, gibt es einen befestigten Fußweg mit wenigen Stufen hinunter zur Bundesstraße.

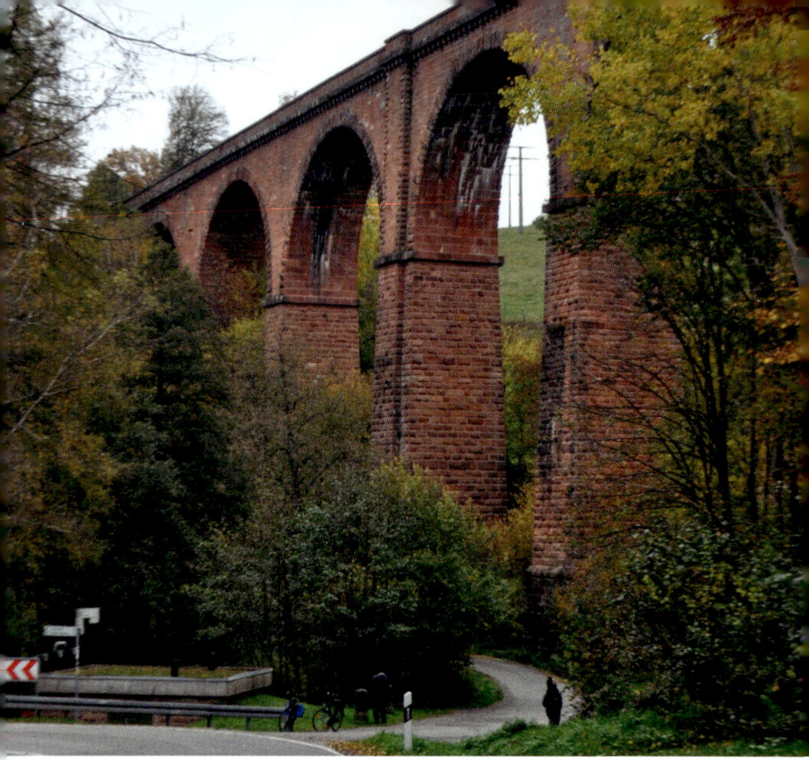

Das Himelbächel-Viadukt ist ein Highlight dieser Tour

 Achten Sie bitte auf den Autoverkehr!

Sie queren die Straße und gehen wenige Meter nach links, um dann rechts und gleich weiter links in die Bahnhofstraße einzubiegen. An der Kreuzung befindet sich ein überdachter Ѫ Rastplatz (km 7,9), ein Treffpunkt für den Ortsteil. Der wenig attraktiven Bahnhofstraße folgen Sie bis zum Bahnhof.

17 Auf dem Nibelungensteig von Lindenfels zum Siegfriedbrunnen

Tour für sportliche Langstreckenliebhaberinnen und -liebhaber

Die Wanderung startet in der mittelalterlichen Drachenstadt Lindenfels. Sie führt auf dem Nibelungensteig zum Siegfriedbrunnen bei Grasellenbach und im Bogen wieder zurück. Es handelt sich um eine großartige Runde, überwiegend auf einsamen und anspruchsvollen Wegen im Herzen des Odenwaldes. Unterwegs gibt es ein Kneippbecken. Um Grasellenbach mit seinen Ortsteilen Gras-Ellenbach und Hammelbach sowie zum Siegfriedbrunnen könnte es etwas belebter werden. Dafür finden sich hier diverse Einkehrmöglichkeiten.

Start/Ziel: Lindenfels, Nibelungenstraße, Ecke Burgstraße, GPS N 49°41.091' E 008°46.848'

28,5 km

ca. 7 Std.

1.000 m/1.000 m

212-506 m

Hinweg rotes N auf weißem Grund, Rückweg wechselnde Markierungen

Bei dem Nibelungensteig handelt es sich um einen Qualitätswanderweg auf abwechslungsreichen Wanderpfaden. Der Rückweg führt teilweise über asphaltierte Wege.

Café Bauer (km 11), in Gras-Ellenbach (ab km 13), in Hammelbach (km 18,6), Waldgaststätte Alt-Lechtern (km 21)

Hofladen (km 13,5)

Vielzahl an Rastmöglichkeiten, teilweise im Text erwähnt

Freibad Hammelbach (km 18,3)

aufgrund der Länge und Schwierigkeit für Kinder in der Regel nicht machbar.

aufgrund der schmalen und zum Teil steilen Wege ist diese Tour nicht mit dem Buggy begehbar

Der überwiegend weiche Untergrund und verschiedene Wasserstellen machen den Weg für Vierbeiner attraktiv, sollten die Länge und die Höhenmeter machbar sein.

Bus 665 von Bensheim nach Lindenfels Mitte, Bussteig 4, stündlich, Bensheim wird stündlich jeweils von der RE60 und RB 67/68 entlang der Strecke Frankfurt – Mannheim angefahren, zusätzlich verkehren IC/ICE.

P zentral in Lindenfels in der Straße Graben gibt es einen kleinen Stellplatz. Eine weitere Parkmöglichkeit gibt es Nibelungenstraße, Ecke Wassergasse. Ein großer Parkplatz befindet sich südöstlich unterhalb der Innenstadt in der Kappstraße.

- bis zum Siegfriedbrunnen und dann mit Bus nach Michelstadt oder Weinheim 15,9 km – Sie sparen sich den Rückweg
- in Fürth besteht die Möglichkeit, den Rückweg abzukürzen (Tour dann 24,3 km) und mit der Bahn/Bus zurückzufahren

Der Nibelungensteig ist ein Wandersteig, der auf 130 km in sieben Etappen den Odenwald in West-Ost-Richtung durchquert und über 5.500 Höhenmeter führt. Er beginnt in Zwingenberg an der Bergstraße und endet in Freudenberg am Main. Bei der hier ausgewählten Tour handelt es sich im Wesentlichen um die zweite Etappe sowie einem Rückweg zum Ausgangspunkt. Der Nibelungensteig ist mit dem roten N auf weißem Grund durchgängig ausgewiesen. Es gibt einen Wanderpass, in dem Stempel gesammelt werden können. Weitere Informationen finden Sie auf nibelungenland.net/Qualitaetsweg-Nibelungensteig sowie in folgendem Buch:
Nibelungensteig von Andrea Preschl, Der Weg ist das Ziel, ISBN 978-3-86686-414-6.

Der Einstieg in den Weg befindet sich an der Bundesstraße (Nibelungenstraße) gegenüber der Burgstraße. Dort geht es in der Freiherr-vom-Stein-Straße gleich bergauf und Sie haben ein wunderbaren Blick Richtung Burg und über das Tal. An dem Haus mit der Ferienwohnung nehmen Sie links den kleinen Pfad in den Wald und laufen einen Insektenlehrpfad mit Bänken, Aussichtpunkten und Informationstafeln entlang. Höchster Punkt ist eine Schutzhütte. Ab dort geht es unter Eichenbäumen wieder hinab.

Noch bevor Sie die Bundesstraße wieder erreichen, biegen Sie links ab und laufen an der Rückseite des Landgasthofes Waldschlösschen entlang. Erst hinter dem nächsten Haus queren Sie die Straße und laufen bergab ins Tal.

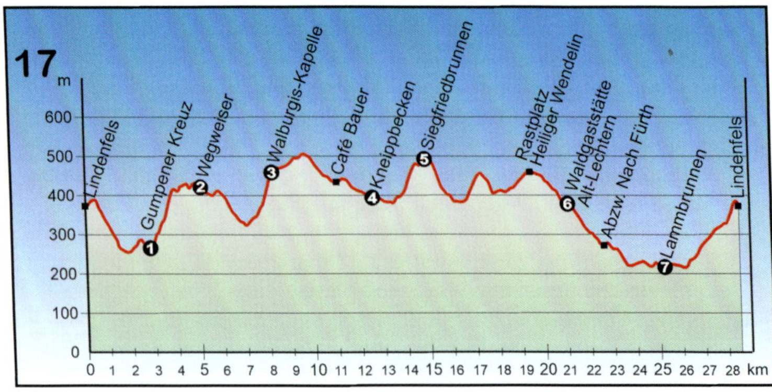

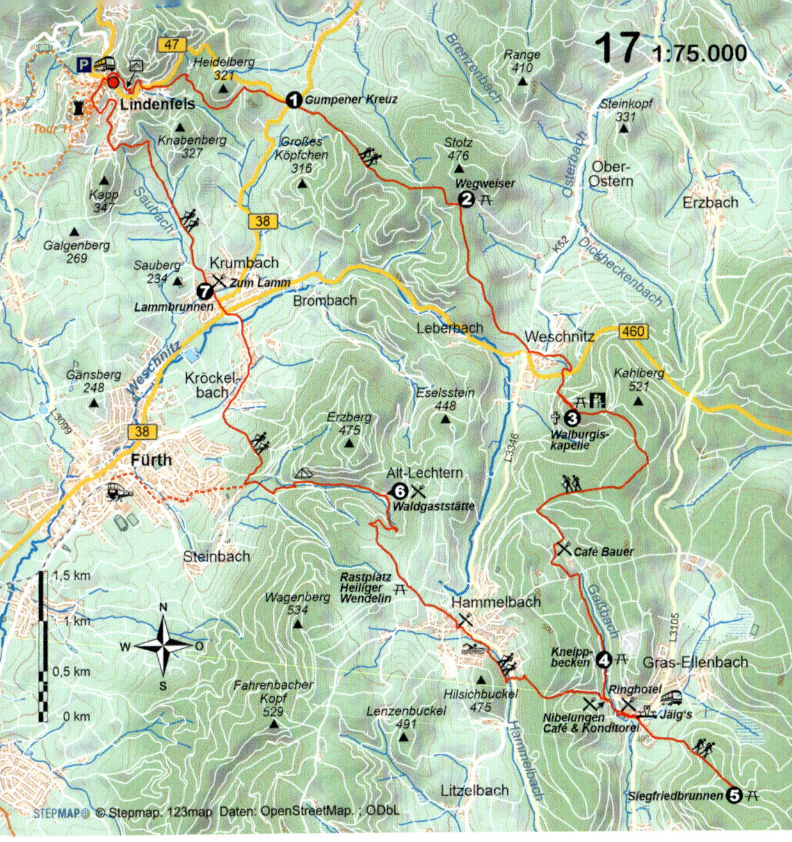

Sie betreten eine Lichtung und laufen an der Waldkante entlang. Bevor Sie auf die Straße treffen, geht es noch einmal nach rechts und direkt wieder links, um ein Stück parallel an der Straße entlangzulaufen. Sie haben einen schönen Blick über die so typische sanfte Hügellandschaft des Odenwaldes, abwechselnd mit Weiden und Waldstücken. Sie erreichen die **Linde am Gumpener Kreuz ❶** (km 2,8).

Weiter führt der Weg geradeaus auf den Hügel hinauf, wo die Hochspannungsleitung entlangführt. Das Verkehrsschild unten und ebenfalls die Beschilderung für den Nibelungenweg sind verdreht. Sie weisen fälschlicherweise nach rechts.

Es lohnt der Blick zurück mit wunderbarer Aussicht über das Tal. Rechts sehen Sie die Häuser von Gumpen. Zurück erblicken Sie die Burg Lindenfels, wie sie über der Stadt thront. Sie folgen einem alten Grenzweg. Es geht zunächst kontinuierlich bergauf. Nach den ersten Metern bergab gibt es eine Bank. Es folgt ein Nadelwald und Sie kommen an eine Lichtung. Dort steht eine Bank an einem Wegweiser ❷ (km 5). Hier biegen Sie nach rechts ab und laufen am Waldrand entlang. Es geht bergab ins Tal. Sie treffen im Fürther Ortsteil Weschnitz auf eine Straße, der Sie oberhalb wenige Meter nach links folgen. Sie queren eine Bushaltestelle mit Wendeplatz und folgen dem Weg rechts an den Birken vorbei, um am Waldrand entlangzulaufen. Am Weg steht eine Bank. Sie laufen rechts an ihr vorbei. Der Weg führt über den Osterbach.

Sie treffen auf eine Landesstraße, die Sie queren. Weiter geht es etwas versteckt wenige Meter weiter links zwischen Büschen hindurch.

Sie kommen zu einem Waldfriedhof, an dem Sie entlanglaufen und auf etwa der Hälfte links abbiegen. Nun geht es steil hinauf zur Walburgiskapelle ❸ (km 8,1). Von oben haben Sie einen wunderschönen Blick über die **Landschaft** und können zurück nach Lindenfels blicken. Sitzgelegenheiten laden zu einer Pause ein. Der Weg führt halb rechts hinter der Kapelle weiter zum Kahlberg. Hier treffen mehre Wege zusammen. Sie laufen halb rechts auf dem Nibelungensteig weiter. Oben auf dem Höhenrücken, dem höchsten Punkt der Wanderung, stehen mehrere Windräder. Sie folgen der Straße wenige Meter und biegen dann rechts ab. Der Weg führt an einem weiteren Windrad vorbei. Rechts von diesem gelangen Sie wieder in den Wald. Nun geht es hinab. Sie treffen auf eine Forststraße, der Sie nach rechts folgen. Kurz vor einer Lichtung laufen Sie nach links und kommen zum Café Bauer (km 11). Bevor Sie aus dem Wald raustreten, gibt es eine Bank mit Blick auf das Café.

Café Konditorei Bauer, Im Gassbachtal 1, 64689 Grasellenbach, ☏ 062 53/55 60, cafe-bauer-hammelbach.de, Di-So 12:00-18:00, ein beliebtes Ausflugslokal, das für seinen Kuchen bekannt ist

Der Weg führt über den Parkplatz hinten am Haus vorbei und dann ins Tal weiter hinunter. Sie kommen zu einem **Kneippbecken** ❹ (km 12,5) mit Rastplatz. Auch im Sommer ist das Wasser wunderbar kalt und erfrischend.

Kurz darauf erreichen Sie die ersten Häuser vom Grasellenbacher Ortsteil Gras-Ellenbach. Hierzu gehört das Hotel Gassbach mit dem Nibelungen Café. Rechts über den Parkplatz laufen Sie später zurück. Zunächst biegen Sie jedoch links ab.

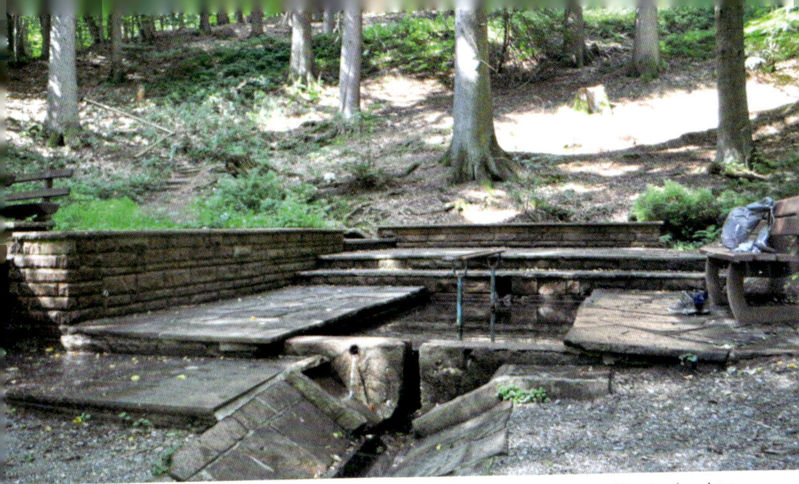

Kneippbecken

✕ Nibelungen Café & Konditorei, Hammelbacher Straße 16, 64689 Grasellenbach, ☏ 062 07/940 00, info@hotel-gassbachtal.de, hotel-gassbachtal.de, Di-So 10:00-18:00. Die Konditorei ist wegen ihrer Torten beliebt.

Der Weg führt durch den Ort. Sie kommen an einem Hotel mit Gartenrestaurant und Meerwasserpool vorbei.

✕ ( ) Ringhotel Siegfriedbrunnen, Hammelbachstraße 7, 64689 Grasellenbach, ☏ 062 07/60 80, reservierung@siegfriedbrunnen.com, siegfriedbrunnen.com, Mo-So 12:00-18:00. Der Pool war vor der Pandemie auch für Tagesgäste geöffnet, ob und wann dies wieder der Fall sein wird, stand Anfang 2022 noch nicht fest.

Der Straße weiter folgend gelangen Sie zu einem Parkplatz, an dem Sie rechts abbiegen. Sie kommen an einem Hofladen vorbei.

Bio-Landwirtschaft und Hofladen bei Jäig's, Siegfriedstraße 17, 64689 Grasellenbach, ☏ 062 07/94 92 94, mail@bauernhof-jaeigs.de, bauernhof-jaeigs.de, Do u. Fr 8:30-12:00, 14:00-17:30, Sa 7:30-12:30. Es werden die eigenen Produkte sowie die der umliegenden Höfe angeboten.

Geradeaus laufen Sie zu einer Landesstraße (km 13,5). Links befindet sich eine Bushaltestelle.

Vom Ortsteil Gras-Ellenbach bestehen Busanbindungen nach Michelstadt und Weinheim. Die Haltestelle heißt „Grasellenbach-Gras-Ellenbach Nibelungenhalle" (Bus 45 nach Michelstadt oder Erbach, 30 Min. Fahrtzeit, Rufbus: Fahrtwunsch spätestens 1 Std. vorher unter ☏ 060 61/97 99-77 anmelden, Bus 681 nach Weinheim, 1 Std. Fahrtzeit, um zum Ausgangspunkt zu gelangen, nehmen Sie den Bus 45 nach Michelstadt und steigen dort in den Bus 665 nach Lindenfels um, ggf. mit Umstieg in Reichelsheim – Fahrzeit 2 Std. 30 Min.). Sicher laufen Sie aber erst noch bis zum Siegfriedbrunnen und nehmen erst dann den Bus. Die Wanderung hat dann eine Länge von 15,9 km.

Sie laufen geradeaus über die Landesstraße hinweg. An den letzten Häusern geht es halb links. Am Waldrand angekommen führt der Weg geradeaus, hinauf in den Wald hinein. Nach einem knappen Kilometer befindet sich rechts vom Weg der **Siegfriedbrunnen ❺** (km 14,7). Am Brunnen gibt es Rastmöglichkeiten. Nach einer Pause treten Sie den Rückweg an und laufen zurück in den Ort. Sie queren diesen auf dem gleichen Weg wie auf dem Hinweg und kommen zurück zum Nibelungen Café. Dahinter laufen Sie nun geradeaus über den Parkplatz und verlassen den Nibelungensteig. (Von rechts kommt der Weg, den Sie gekommen sind.)

Im Wald nehmen Sie nach wenigen Metern den ersten Weg, der links abzweigt, mit der Nummer 7, und Sie steil hinaufführt. Oben an der Kreuzung gehen Sie geradeaus. Es geht wieder hinab. Vor dem ersten Haus vom Ortsteil Hammelbach führt der Weg links auf kleinem Pfad hinunter zu einem Brunnen mit Rastmöglichkeit (km 17,7). Sie queren die angrenzende Straße und das Bachtal. Auf der anderen Seite geht es nach rechts hinunter in den Ort. Sie gelangen zum Freibad.

Freibad Hammelbach, Am Schwimmbad 2, 64689 Grasellenbach, ☏ 062 53/48 74, gemeinde-grasellenbach.de, Mo 13:00-20:30, Di-Fr 10:30-20:30, Sa-So 9:00-20:30, Eintritt: € 2

Der Weg führt rechts ums Freibad herum. Direkt am Zaun entlang führt links ein schmaler Pfad weiter. Weiter geht es über einen Parkplatz hinauf rechts zur Hauptstraße, der Sie wenige Meter nach links folgen. In der Rechtskurve biegen Sie links ab. Es gibt zwei Einkehrmöglichkeiten direkt am Platz.

Don Quijote Tapas Bar, Schulstraße 3, 64689 Grasellenbach, ☏ 062 53/947 46 54, Donquijote-tapasbar@hotmail.com, donquijotetapasbar.com, Di-Sa 17:00-22:00, So 12:00-22:00

Gasthof zum Ochsen, Schulstraße 9, 64689 Grasellenbach, ☏ 062 53/947 53 12, info@gasthof-zum-ochsen.com, gasthof-zum-ochsen.com, Fr-So 11:00-22:00, Mo 17:00-22:00

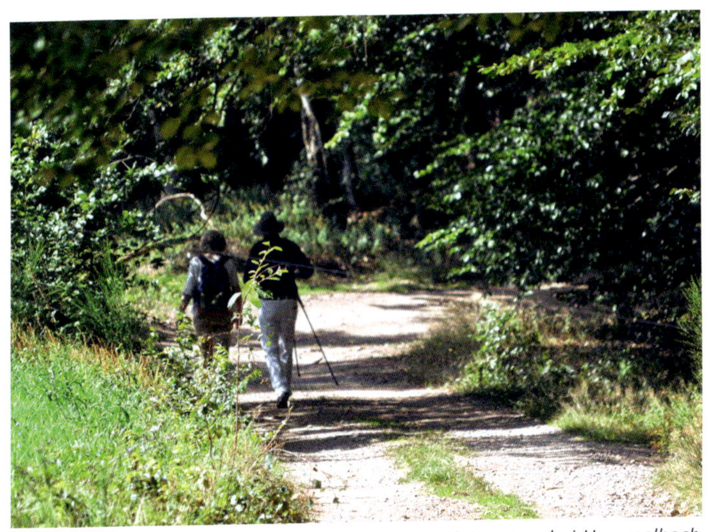

Unterwegs bei Hammelbach

Der Weg führt hinter dem Gasthof nach rechts. Sie kommen am Friedhof vorbei. Wenn die Straße links abbiegt, gehen Sie halb rechts auf dem Feldweg weiter. Geradeaus gelangen Sie zum Rastplatz Heiliger Wendelin (km 19,4), an dem es mit der Windleier eine der zehn Installationen des **Hammelbacher Klangwanderweges** gibt. Dem Wanderweg folgend – an der ersten Gabelung rechts – gelangen Sie an den Waldrand. Dort gibt es mit dem Summstein eine weitere Installation. Es geht kontinuierlich bergab. Im Wald gibt es zwei Serpentinen. Auf der nächsten Lichtung erreichen Sie die **Waldgaststätte Alt-Lechtern** ❻ (km 21) – schöne Gelegenheit, um bei deftiger Odenwälder Kost nochmals Energie für den restlichen Abstieg und den dann folgenden Aufstieg nach Lindenfels zu tanken.

Waldgaststätte Alt-Lechtern, Altlechtern 1, 64658 Fürth, ☏ 062 53/31 50, info@alt-lechtern.de, alt-lechtern.de, April-Sep Mi-So 11:30-19:00, Okt-März nur Sa-So

Der Weg führt die Straße hinab am Jugendzeltplatz vorbei. An der T-Kreuzung gehen Sie nach rechts. Sie erreichen die ersten Häuser von Fürth (km 22,6).

Um zum Bahnhof von Fürth zu gelangen, gehen Sie geradeaus (nicht links) auf dem Pfad weiter. Dieser geht in eine Straße über, der Sie bergab folgen. Es münden von rechts und links Straßen ein. Nach der Einmündung zweier Straßen von rechts gleichzeitig biegen Sie an der nächsten Kreuzung links in die Kettelerstraße ab. Dieser folgen Sie bis über den Bachlauf und biegen dann rechts ab. Die dritte Straße links ist die Bahnhofstraße, auf der Sie zum Bahnhof gelangen. In Fürth besteht eine Bahnanbindung nach Weinheim (30 Min. Fahrtzeit) und es gibt einen Bus nach Lindenfels (Bus 666, dieser verkehrt unter der Woche tagsüber im regulären Verkehr und in den Abendstunden ab 18:00 sowie am Wochenende als Rufbus, ☏ 06 21/107 70 77, Informationen finden Sie bei VRN oder der DB). Zum Bahnhof sind es 1,7 km bergab. Sie sparen sich den Aufstieg nach Lindenfels von etwa 130 Höhenmetern und gut 4 km.

Richtung Lindenfels geht es scharf rechts. Wenige Meter später nehmen Sie den linken Abzweig, der geradeaus in den Wald führt. Es geht weiter hinunter in den Fürther Ortsteil Kröckelbach. Auf der weniger schönen Hauptstraße geht es nach rechts zur Bundesstraße. An der großen Kreuzung gehen Sie geradeaus in die kleine Straße, die den Hang runter in den nächsten Ortsteil, Krumbach, führt. Unten am Platz befindet sich der **Lammbrunnen ❼** (km 25,2) sowie ein gleichnamiges Gasthaus.

✕ Gasthaus Zum Lamm, Im Ort 22, 64658 Fürth, ☏ 062 53/33 26, zumlamm.com, Do-Sa 17:30-23:00, mit eigener Wurstproduktion, die auch erworben werden kann

Hinter dem Brunnen geht es rechts wieder hinauf. Es beginnt der Aufstieg nach Lichtenfels. An der T-Kreuzung links und an der nächsten Kreuzung wieder rechts führt der Weg zwischen Feldern am Saubach entlang hinauf. Beim Betreten des Waldes laufen Sie nach links. Sie erreichen die ersten Häuser von Lindenfels. In Schlängellinien geht es den Hang weiter hinauf. Sie laufen rechts die Straße Am Wiesenrein hinauf. Die Straße macht eine Rechtskurve. Hier biegen Sie links ab, um weiter auf der Straße Am Wiesenrein zu bleiben. In einer Linkskehre treffen Sie auf den Seewiesenweg. Sie gehen weiter nach links. Bei der nächsten Gelegenheit laufen Sie nach rechts und an der T-Kreuzung nochmals nach rechts. Dann geradeaus gelangen Sie auf die Burgstraße, die Sie nach rechts zurück zum Start- bzw. Zielpunkt führt.

18 Auf dem Burgensteig von Bensheim nach Heppenheim

Tour für sportliche Liebhaberinnen und Liebhaber von weiten Ausblicken und für Burgenfans

Diese Wanderung verbindet die beiden Städte Bensheim und Heppenheim mit ihren schönen Altstädten, die zum Verweilen einladen. Sie ist ein Ausschnitt aus der dritten Etappe des Burgensteiges, der einlädt, die Burgen an der Bergstraße mit vielen Auf- und Abstiegen zu erkunden. Der Burgensteig führt über 120 km in Nord-Süd-Richtung entlang der Bergstraße von Darmstadt nach Heidelberg am westlichen Rand des Odenwaldes. Es handelt sich um einen Qualitätswanderweg mit einer Vielzahl an Sehenswürdigkeiten, insbesondere mittelalterlichen Schlössern und Burgen. Charakteristisch ist der Wechsel von Weinbergen, Buchenwald sowie von großartigen Ausblicken in die Rheinebene und den Odenwald. Der Burgensteig ist in neun Etappen unterteilt. Diese lassen sich gut mit dem öffentlichen Nahverkehr erreichen und können in beide Richtungen gegangen werden. Mit über 4.000 Höhenmetern ist es ein sportlicher Steig mit vielen Auf- und Abstiegen.

→ Start: Bensheim, Bahnhof, GPS N 49°40.872' E 008°37.034', Ziel: Heppenheim, Bahnhof, GPS N 49°38.491' E 008°38.032'

13,2 km

ca. 3 Std. 30 Min.

↑↓ 397 m/522 m

⇧ 133-263 m

Weg durch Bensheim ohne Markierung, dann Burgensteig (blauer Turm auf weißem Grund)

Der Weg ist auch in seiner Beschaffenheit sehr abwechslungsreich. Es gibt sowohl schmale, enge Pfade als auch asphaltierte Streckenabschnitte.

in Bensheim (ab km 0,2), Biergarten am Bismarckturm (km 2,9, nur sonntags), Burgschänke Starkenburg und Café der Jugendherberge im Burghof (km 11), in Heppenheim (ab km 12,1)

Patisserie (km 11,4), Metzgerei (km 12,6)

Rastplätze Hambescher Mädels-Platz (km 4,6), Sparerrast (km 9) und Helenenruhe (km 9,7)

Freibad Heppenheim (250 m vom Ziel)

schöne, abwechslungsreiche Wanderung mit Spielmöglichkeiten – Spielplatz am Bismarckturm, Schaukeln am Parkplatz der Starkenburg – und historischen Gebäuden zum Erkunden – Bismarckturm und Starkenburg

Die Tour ist mit Buggy aufgrund der teilweise schmalen, steilen Pfade schwierig.

Wunderbare Tour mit überwiegend weichen Wegen. In der Burgschänke Starkenburg gibt es eine Hundebar.

Beide Orte werden stündlich jeweils von der RE60 und RB 67/68 entlang der Strecke Frankfurt – Mannheim angefahren, zusätzlich verkehren in Bensheim IC/ICE

P Tiefgarage am Bahnhof in Bensheim (an Sonn- und Feiertagen kostenfrei), alternativ können Sie das Auto am Ziel, am Bahnhof Heppenheim (gebührenpflichtig), abstellen. ☺ Mit dem aufgeführten Zug sind Start- und Zielbahnhöfe verbunden, so dass Sie wieder zu Ihrem Auto kommen.

Zunächst führt der Weg in die Stadt zum **Marktplatz von Bensheim**, wo Sie einen Blick in die mittelalterliche Altstadt werfen können. Dafür laufen Sie vom Bahnhof geradeaus durch die Unterführung und am Ende der Straße nach rechts. Der Marktplatz befindet sich linker Hand. Sie folgen geradeaus der Hauptstraße weiter durch die Altstadt. Auf der Mittelbrücke quert der Weg den Bachlauf der Lauter (☞ Quelle siehe Wanderung 9). Am Ende der Hauptstraße folgt er links der Gerbergasse und erreicht auf dieser das Ende der Fußgängerzone.

Der Heidelberger Straße folgen Sie knapp 200 m, um dann links in einen Fußweg einzubiegen. Dieser beginnt gegenüber der Fichtestraße und neben einem Steinmetz für Grabmäler. Am Friedhof entlang und dann links über den Mönchbachweg führt der Weg zur Friedhofstraße, der Sie nach rechts folgen. Kurz darauf biegen Sie links in die Gronauer Straße ein. Diese wird von einem Bachlauf begleitet.

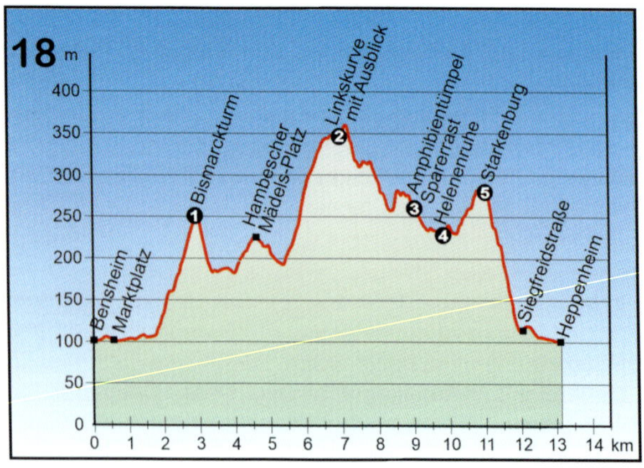

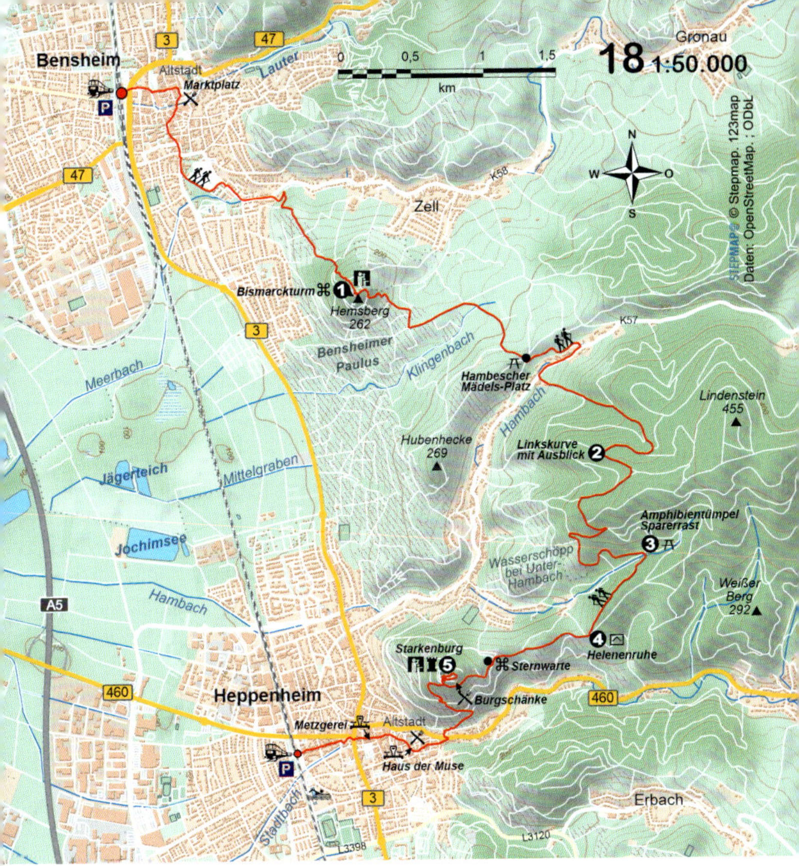

Direkt hinter der Hofanlage mit dem Restaurant Mühlstein geht es rechts auf einen kleinen Pfad oberhalb der Straße. Hier begegnet Ihnen das erste Mal die Markierung für den ✎ Burgensteig – blauer Burgturm auf weißem Grund.

Nach wenigen Metern biegt der Burgensteig rechts ab und führt hinauf. An der nächsten Wegkreuzung halten Sie sich links und kommen auf die erste Kuppe, von der Sie den Blick über die Rheinebene und Weinberge genießen können. Richtung Norden ist das **Schloss Auerbach** zu sehen. Es folgt ein weiterer Anstieg durch ein kleines Waldstück auf den Hemsberg mit dem **Bismarckturm** ❶ (km 2,9). Der Blick vom Turm bei schönem Wetter in den Odenwald und über die Rheinebene bis zum Donnersberg ist beeindruckend.

⌘ Der Bismarckturm wurde um 1900 als Denkmal errichtet. Er erinnert in seiner Erscheinung an eine mittelalterliche Warte oder einen Befestigungsturm einer Stadtmauer. Der Turm ist So ab 10:00 Uhr bis Sonnenuntergang geöffnet, weithin sichtbar an der gehissten rot-weißen Fahne. Dann gibt es auch einfache Speisen, Kaffee, Kuchen und kalte Getränke. Die größeren Kinder können die Anzahl der Stufen nachzählen. Ich habe 76 Stufen gezählt. Angrenzend jederzeit zugänglich befindet sich einen Spielplatz für Kleinkinder.

Nach einer guten halben Umrundung des Turms führt der Weg rechts hinab.

Kurz nach der Lichtung biegt der Weg links in einen kleineren Pfad ab und verlässt den breiteren Weg.

Durch den Wald hinab und an den Weinstöcken entlang gelangen Sie zu einem mit großen Betonplatten gepflasterten Weg. Diesem folgen Sie ein paar Meter nach rechts. An der nächsten Kreuzung verlassen Sie ihn wieder und biegen links ab. Der Weg führt dem Tal folgend leicht bergan und quert dieses kurz darauf. Hierzu lassen Sie die zunächst rechts abzweigenden Wege unbeachtet und halten sich an der Gabelung halb rechts.

Der Weg führt zu einem baumbestandenen Rastplatz, dem so genannten Hambescher Mädels-Platz (km 4,6), und biegt dort rechts ab. An der nächsten Kreuzung trennen sich **Blütenweg** und Burgensteig, welche beide zum Schloss Starkenburg führen. Beim Blütenweg handelt es sich um einen parallel bzw. gemeinsam verlaufenden Weg entlang der Bergstraße – eher in Tallage und weniger anspruchsvoll als der Burgensteig. Sie folgen weiter dem weniger frequentierten Burgensteig und halten sich hierfür links. Bei den ersten Häusern führt der Weg über den Bachlauf des Hambachs und stößt auf eine Straße. Dieser folgen Sie ein Stück rechts bergab. Beachten Sie die der Jahreszeit entsprechend stimmungsvoll dekorierten Höfe. Auf halben Weg befindet sich eine Bushaltestelle. Gegenüber dem Haus mit der Nummer 238 verlässt der Weg die Straße nach links und es geht wieder bergauf.

An den nächsten beiden Gabelungen folgen Sie links den aufsteigenden Wegen. Diese führen Sie durch schönsten Buchenwald. An der nächsten Kreuzung, wenn von links ein größerer Weg kommt, halten Sie sich rechts. An der ausladenden Linkskurve mit Ausblick ❷ (km 6,9) haben Sie erneut Blick in die Rheinebene und zurück auf das Auerbacher Schloss. Dies ist zunächst der höchste Punkt. Ab hier verläuft der Weg eben und dann leicht bergab. Bald darauf halten Sie sich rechts und dann wieder links am Hang entlang. An der folgenden Kreuzung biegen Sie scharf rechts ab, um dann wieder in einer Linkskurve in den

Wald hineinzulaufen. In der nächsten Wegkehre liegt der kleine **Amphibientümpel Sparerrast** ❸ (km 9) mit Rastplatz und Informationstafel zu den hier beheimateten Amphibien.

An der nächsten Kreuzung treffen verschiedene Wege zusammen. Es gibt eine kleine überdachte Sitzgelegenheit namens **Helenenruhe** ❹ (km 9,7). Rechts führte der Weg zur Starkenburg, dem nächsten Höhepunkt der Tour. Sie kommen zu einem Parkplatz mit Rastplatz und Schaukel. Links folgen Sie den Schildern zur Burgschänke und Jugendherberge. Rechter Hand befindet sich eine Sternwarte.

⌘ Starkenburg-Sternwarte, Starkenburgweg 41, 64646 Heppenheim, 062 52/79 88 44, info@starkenburg-sternwarte.de, starkenburg-sternwarte.de. Die Sternwarte wird von einem Verein betrieben und bietet regelmäßig Veranstaltungen wie Vorträge und im Winterhalbjahr öffentliche Beobachtungen an.

Dann erblicken Sie die Burg. Vom vorderen Wehrturm der **Starkenburg** ❺ (km 11) haben Sie einen herrlichen Blick auf Heppenheim mit der Kirche Sankt Peter und den umliegenden Weinbergen. Die katholische Pfarrkirche wurde 1900-04 errichtet und ist auch als „Bergsträßer Dom" bekannt.

Die Starkenburg wurde im 11. Jahrhundert vom Kloster Lorsch als Schutzburg errichtet. Die anfänglich einem römischen Kastell ähnlich angelegte Burg wurde im 13. Jahrhundert zu einer mittelalterlichen Kastellburg und im 17. Jahrhundert weiter zu einer Festungs- und Wirtschaftsburg ausgebaut. Sie hielt allen Belagerungen stand. Bei dem heute vorhandenen Bergfried handelt es sich um einen Neubau. Ergänzt wird das Ensemble durch den Neubau einer Jugendherberge (062 52/773 23, Jh-starkenburg@jugendherberge.de), die im Herbst 2020 nach einem Umbau wiedereröffnet wurde. Der Bergfried besitzt eine Aussichtsplattform und ist Teil der Jugendherberge.

♦ Der Bergfried ist Karfreitag-Sep Sa-So 14:00-18:00 öffentlich zugänglich. Burgführungen werden Mai-Sep jeden ersten So im Monat um 14:00 sowie auf Anfrage angeboten. Treffpunkt ist der Untere Burghof. Die Buchung erfolgt über die Touristeninformation von Heppenheim: 062 52/13 11 71, tourismus@stadt.heppenheim.de, heppenheim.de.

Es lohnt ein Rundgang über die Burg. Im Burghof gibt es Rastplätze. Aus der Jugendherberge können Sie sich Kaffee und Kuchen (März-Okt mindestens 14:00-18:00, Nov-Feb bei Belegung der Herberge) holen. Unterhalb der Burg befindet sich die Burgschänke mit einem Biergarten.

Burgschänke Starkenburg, Starkenburgweg 51, 64646 Heppenheim
☏ 062 52/781 42, info@burgschaenke-starkenburg.de,
burgschaenke-starkenburg.de, April-Okt Mi-Fr ab 14:00, Sa-So ab 12:00, Nov + März Sa-So ab 12:00. Es gibt eine kleine Auswahl an Speisen, verschiedene hausgemachte Flammkuchen, wechselndes Angebot an Suppen und Kuchen. Eine Hundebar ist vorhanden. Neben der Burgschänke befindet sich eine öffentliche Toilettenanlage.

Links unterhalb des vorderen Wehrturms geht es wenige Meter zurück und der Weg führt rechts ab in die Altstadt von Heppenheim. Er ist als **„Fußweg Altstadt 5-Minuten-Pfad“** beschildert und führt zwischen den Weinbergen hinab. Genießen Sie die Blicke über die Stadt. An einem kleinen Häuschen mit Sitzgelegenheit in Form einer Liegebank davor treffen Sie auf einen größeren Weg.

Hier müssen Sie wenige Meter nach links leicht bergauf, um dann wieder rechts über Stufen dem Pfad hinab zu folgen.

Weinberge oberhalb Heppenheims

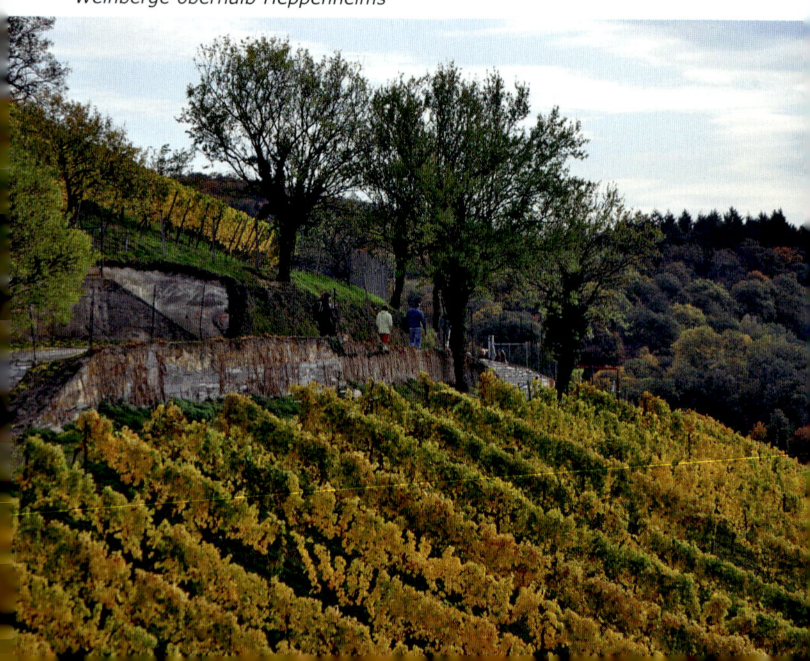

Nach einem weiteren Stück steil hinab gehen Sie an der nächsten Kreuzung geradeaus weiter hinunter Richtung Altstadt. Zwischen den Häusern entlang treffen Sie auf die Siegfriedstraße.

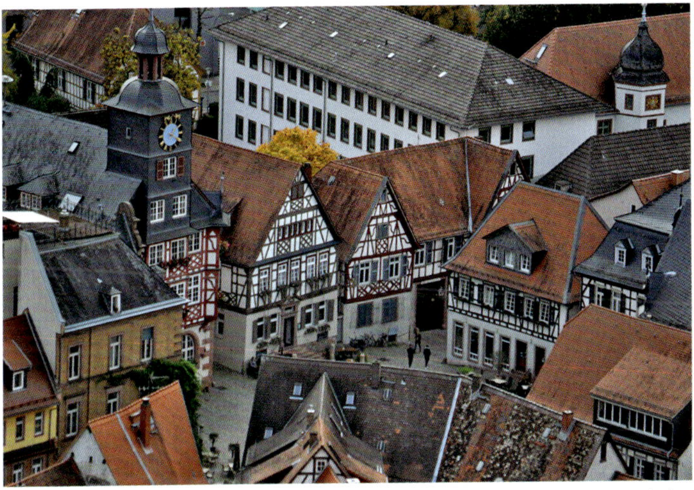

Heppenheim

 Es handelt sich um eine Bundesstraße. Bitte achten Sie auf den Verkehr.

Sie müssen die Siegfriedstraße queren. Wenige Meter weiter links befindet sich eine Fußgängerampel. Über die Straße Würzburger Tor betreten Sie die Altstadt. Es gibt mehrere Einkehrmöglichkeiten. Linker Hand kommen Sie an den zur Kirche Sankt Peter hinaufführenden Treppen vorbei. Sie gehen geradeaus und gelangen auf den Großen Markt (km 12,3). Beim Blick zurück sehen Sie die Starkenburg über der Stadt thronen.

Die malerischen Fachwerkhäuser von **Heppenheim** stammen aus dem 15.-17. Jahrhundert, die barocke Brunnenanlage aus dem 18. Jahrhundert. Die bedeutendsten Gebäude am Großen Markt sind das Rathaus an der Südseite und die gegenüberliegende ehemalige Liebig-Apotheke. An der Ostseite des Marktplatzes dominiert ein Backsteinbau den Platz, der Ende des 19. Jahrhunderts anstelle eines niedergebrannten Fachwerksbaus errichtet wurde. Am Großen Markt haben Sie verschiedene Möglichkeiten zur Einkehr in zum Teil historischen Gasthöfen.

Auf der gegenüberliegenden Platzseite folgen Sie der Marktstraße nach rechts. Dort gibt es auf der rechten Seite eine nette kleine Patisserie, zu der auch das Café wenige Meter weiter auf der linken Seite gehört.

Haus der Muse, Marktstraße 1, 64646 Heppenheim, ☏ 062 52/967 67 40, info@musechocolat.de, musechocolat.de, Mi-So 10:00-18:00

Sie queren den Graben. Am Platz gib es ein Modell der Altstadt in Bronze. Der Weg führt weiter die Fußgängerzone entlang. In der Friedrichstraße gibt es eine Odenwälder Fleischerei, die Produkte von Tieren aus der Region anbietet.

Odenwälder Metzgerei, Friedrichstraße 26, 64646 Heppenheim, ☏ 062 52/22 02, info@odenwaelder-metzgerei.de, odenwaelder-metzgerei.de, Mo-Fr 8:00-18:00, Sa 8:00-13:00

Am Ende der Friedrichstraße gelangen Sie auf den Postplatz. Hier endet die Fußgängerzone. Links von der Post führt eine kleine Straße am Stadtbach entlang. Dieser folgen Sie, um dann gleich rechts und wieder links in die Bahnhofstraße abzubiegen. Sie laufen geradeaus auf das Bahnhofsgebäude zu.

Keine 250 m südlich des Bahnhofs befindet sich das Freibad von Heppenheim. Um dorthin zu gelangen, können Sie dem Stadtbach folgen und vor den Bahnanlagen links abbiegen.

Freibad Heppenheim, Walter-Rathenau-Straße 36, 64646 Heppenheim, ☏ 062 52/56 42, heppenheim.de/leben-in-heppenheim/schwimmbad, Mo-So 8:00-20:00, Eintritt: € 4, ermäßigt € 2

19 Von Rimbach zur Tromm

Tour für Landschaftsliebhaberinnen und -liebhaber mit tollen Ausblicken

Diese Wanderung führt vom kleinen Ort Rimbach mit schöner Hauptstraße hinauf zum Gipfel der Tromm, die mit 577 m zu den höchsten Erhebungen des Hessischen Odenwaldes gehört. Im Winter ist die Tromm ein beliebtes Ziel zum Rodeln. Die Wanderung lohnt sich aber aufgrund der vielen Ausblicke zu jeder Jahreszeit. Ein neuer Aussichtsturm von 33 m Höhe und ein Informationszentrum zum Geopark Bergstraße Odenwald sind in Bau (Stand Anfang 2022).

Start/Ziel: Rimbach, Bahnhof, GPS N 49°37.621' E 008°45.433'

13 km

ca. 3 Std.

450 m/450 m

163-577 m

überwiegend grünes Dreieck

Der Weg führt zunächst durch den Ort und dann auf befestigten Forstwegen sowie weichen Waldwegen weiter.

in Rimbach in der Hauptstraße (km 0,6/12,3), Tromm Gasthaus zur Schönen Aussicht (bei km 5,5 0,7 km)

Bank mit Blick auf Rimbach (km 2,4/10,6), Bank mit Blick ins Tal (km 3,2/9,8), Außenanlagen am Odenwald-Institut (km 5,5)

Der Aufstieg wird zukünftig durch einen spannenden Aussichtsturm zusätzlich belohnt (Stand Anfang 2022) und der Rückweg läuft sich fast von allein. Nach den ersten Metern hinauf gibt es einen schönen Spielplatz. Dann geht es an Pferdekoppeln vorbei und durch Mischwald. Weitere Extraattraktionen für Kinder gibt es nicht und die Wanderung ist relativ lang.

Mit dem Buggy ist die Wanderung nicht machbar, da die Wege teilweise unbefestigt und steil sind sowie über Wurzeln und Steine führen.

Mit Hunden kann die Wanderung sehr gut gegangen werden. Lediglich im Ort sind die Wege befestigt. Im Wald gibt es eine Vielzahl von Quellen und daher Trinkmöglichkeiten.

Rimbach liegt an der Bahnstrecke Weinheim – Fürth. Sie erreichen Weinheim jede Stunde, in den Hauptverkehrszeiten jede halbe Stunde.

P Am Bahnhof, östlich der Bahnlinie, befinden sich eine Reihe von Fachmarktzentren mit großen Stellplätzen, wo Sie parken können.

Richtung Südwesten auf der Ostseite der Bahnlinie führt ein Fußweg entlang. Diesem folgen Sie bis zur nächsten Straße, der Bismarckstraße, die links in die Altstadt führt. Das Rathaus ist ausgeschildert. Sie queren den Bachlauf der Weschnitz und gelangen kurz darauf zum Marktplatz mit Brunnen. Rechts befindet sich die Hauptstraße mit Einkehrmöglichkeiten und Geschäften, deren Besuch sich auf dem Rückweg anbietet.

Sie gehen zunächst geradeaus an der Apotheke vorbei und halten sich dahinter rechts. Der Weg führt die Brunnengasse hinauf. Am nächsten Wegweiser sind Tromm und Ireneturm ausgewiesen. Der Wanderweg ist mit einem grünen Dreieck markiert. Ihm folgen Sie fast bis zum Gipfel. Es handelt sich um den Hauptwanderweg 26, der von Laudenbach nach Buchen den Odenwald in Ost-West-Richtung quert.

Weg bei Rimbach

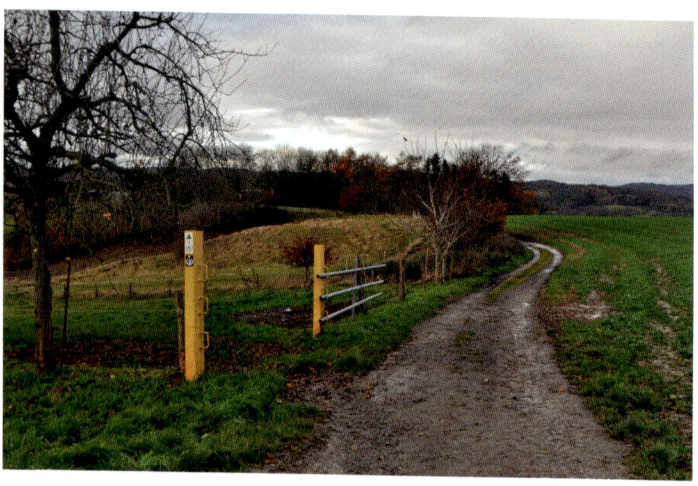

Sie kommen an einer Schule mit zugänglichem Spielplatz mit Klettergerüst ❶ (km 1,2) vorbei. Wenn Sie die letzten Häuser hinter sich gelassen haben, geht der Weg in einen Feldweg über. Rundherum haben Sie einen schönen Blick auf die Hügelketten.

Sie halten sich links. Der Weg schlängelt sich zwischen Weiden und Pferdekoppeln hinauf. Sie folgen dem ausgewiesenen Wanderweg. An der Bank (km 2,4) mit Blick über Rimbach und an der nächsten Kreuzung führt der Weg weiter

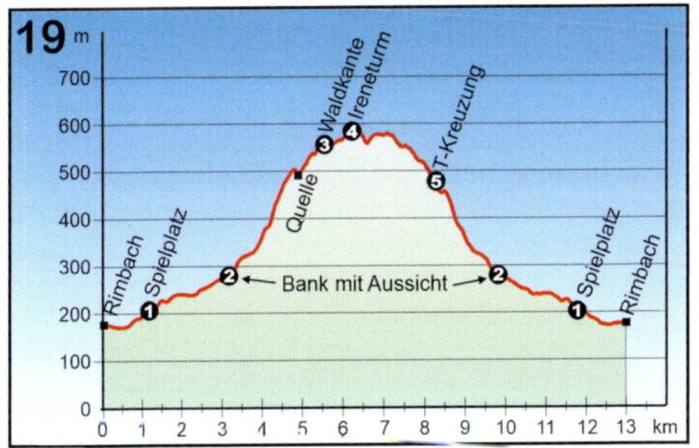

geradeaus hinauf. Es gibt links des Weges ein Stück Wald, an dem Sie entlanggehen. Bevor rechter Hand ebenfalls ein Waldstück kommt, steht einen weitere Bank ❷ (km 3,2) mit schöner Aussicht ins Tal. Auf Höhe des Gehöfts auf der linken Seite geht es durch schönsten Buchenwald halb links Richtung Tromm hinauf.

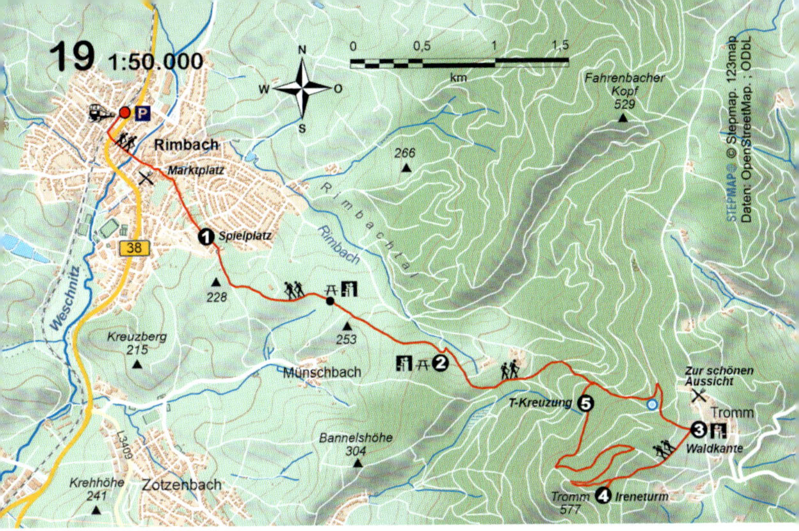

Nach einem kurzen steilen Anstieg treffen Sie auf einen Forstweg. Hier gehen Sie nach links. An der nächsten Kreuzung bleiben Sie geradeaus auf dem Hauptwanderweg. Sie treffen auf einen befestigten Forstweg, dem Sie nach links folgen. Nach wenigen Metern geht der Weg auf einem schmalen Pfad rechts ab und führt den Berg steil hinauf.

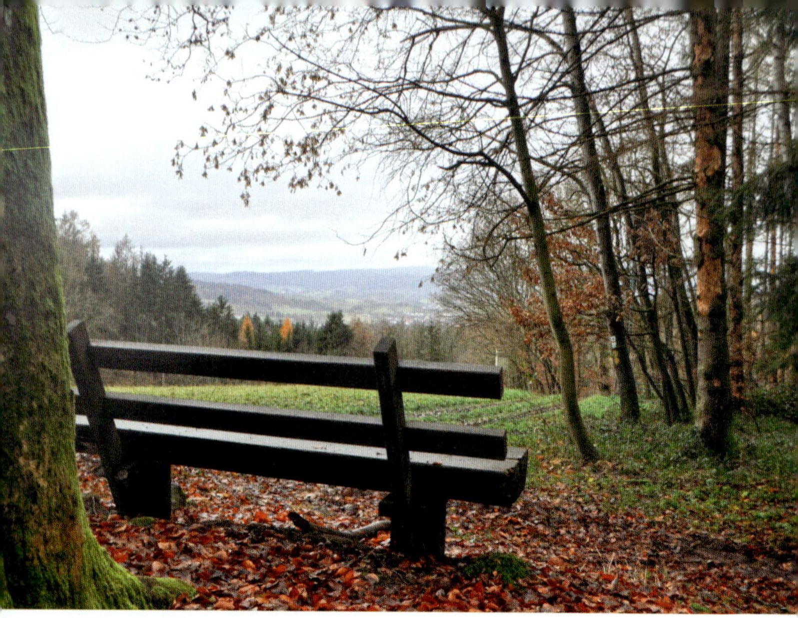

Bank mit Aussicht

Sie treffen auf eine Forststraße, der Sie nach links folgen. Sie gelangen zu einer Quelle und erst dann biegt der Wanderweg rechts ab. Kurz darauf verlässt Sie der Weg mit der Markierung ✎ grünen Dreieck nach links. Überall plätschert es und Wasser fließt den Berg hinunter – die Wege können entsprechend matschig sein. Nach einem letzten kleinen Anstieg erreichen Sie die Waldkante ❸ (km 5,5). Sie haben einen schönen Blick auf den inneren Odenwald. Vor Ihnen liegt eine Hügelkette auf der anderen Talseite.

↳ Wenige Meter weiter befindet sich das Odenwald-Institut mit sehr schönen Außenanlagen, die zu einer Rast mit Aussicht einladen. Es handelt sich um eine Bildungseinrichtung, die Seminare im Bereich Coaching und Persönlichkeitsentwicklung anbietet (odenwaldinstitut.de).

Hinter dem Odenwald-Institut befindet sich nach links in insgesamt ca. 350 m das Gasthaus Zur Schönen Aussicht.

✕ Gasthaus Zur Schönen Aussicht, Auf der Tromm 2, 64689 Grasellenbach, ☏ 062 07/33 10, schoene-aussicht-tromm.de, Mi-So 11:00-20:00, mit Biergarten, gutbürgerliche Küche sowie Kuchen und Torten aus der eigenen Konditorei

Der Weg führt rechts über die Wiese weiter. An der ersten Gabelung im Wald gehen Sie rechts. Sie erreichen den **Ireneturm auf der Tromm** ❹ (km 6,3). Der alte Aussichtsturm wurde Anfang 2022 saniert und zu einem Informationszentrum des Geo-Parks Bergstraße-Odenwald umgebaut. Daneben entsteht ein neuer Aussichtsturm. Der interessante Entwurf trägt den Titel **Himmelsleiter** und soll zukünftig auf 33 m hinaufführen. Anfang 2022 waren die Fundamente erstellt und der Turm in Konstruktion.

Um zur Umleitung um die Baustelle zu kommen, gehen Sie wenige Meter zurück und biegen links ab. Sie treffen auf den Wanderweg, der unter anderem mit R5 markiert ist. Diesem folgen Sie in großen Schwüngen ins Tal und gehen zunächst zweimal nach rechts. Im Bogen verläuft der Weg unterhalb des Turmes wieder Richtung Osten, um dann links hinabzuführen. Der Weg mit der Markierung R5 geht nach rechts. Sie gelangen von oben auf eine T-Kreuzung ❺ (km 8,3). Hier geht der R5 nach links und Sie laufen nach rechts. Nach wenigen Metern gelangen Sie zu dem Weg, den Sie hinaufgelaufen sind, und folgen ihm nach links wieder ins Tal.

Wenn Sie die Weiden und Koppeln erreichen, können Sie nun den Ausblick über das Tal genießen. Sie kommen wieder an der Bank mit Blick auf Rimbach (km 10,6) vorbei und laufen weiter hinunter in den Ort.

↳ Am Marktplatz haben Sie die Gelegenheit, links in die Hauptstraße abzubiegen. Es gibt die Möglichkeit der Einkehr.

✕ Gaststätte Krumm Stubb, Rathausstraße 7, 64668 Rimbach, ☎ 062 53/861 12, info@krumm-stubb.de, krumm-stubb.de, Do-So 17:00-22:00

♦ Café Konditorei Mäule, Rathausstraße 18, 64668 Rimbach, ☎ 062 53/73 74, Di-Fr 7:00-13:00, Di, Do+Fr 14:30-18:00, Sa 6:30-13:00, So 13:00-17:00

♦ Gasthaus zur Krone, Staatsstraße 1, 64668 Rimbach, ☎ 062 53/73 93, R.borgenheimer@online.de, kronerimbach.de, Mi-Fr, So 12:00-14:00, Mi-So auch18:00-21:30

Weiter zum Bahnhof gehen Sie auf der Bismarckstraße bis zu den Gleisen und dann nach rechts.

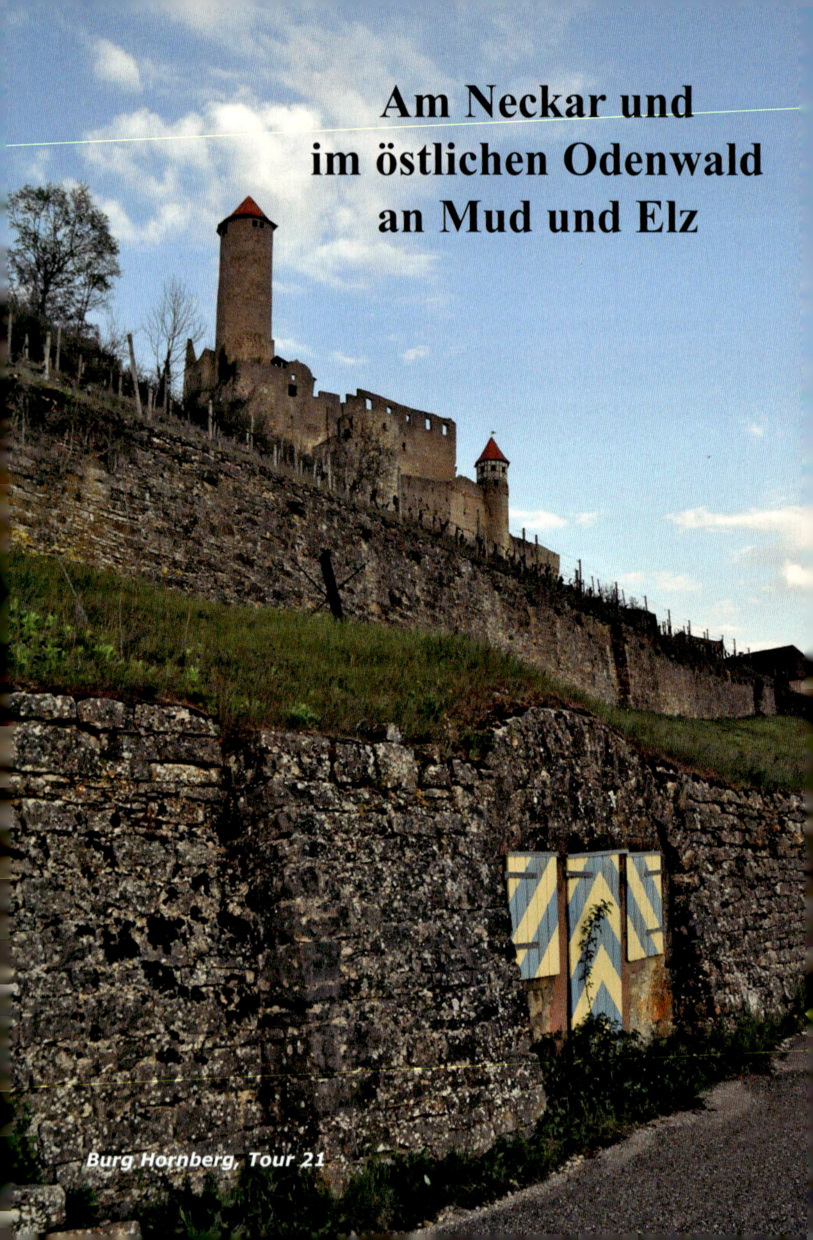

Burg Hornberg, Tour 21

⑳ Zum Katzenbuckel

Tour für Gipfelstürmerinnen und Gipfelstürmer (👪) 🐕 🐕

Die Wanderung startet in Eberbach am Neckar und endet wieder am Neckar in Zwingenberg. Es handelt sich um eine sportliche Tour hinauf zur Burgruine Erbach und auf den Katzenbuckel, der höchsten Erhebung des Odenwaldes mit einem anspruchsvollen Abstieg durch die Wolfsschlucht – die Wanderung ist sehr schön, aber nur für trittsichere und schwindelfreie Wandersleute mit festen Wanderschuhen geeignet.

→ Start: Eberbach, Bahnhof, GPS N 49°27.915' E 008°59.055', Ziel: Zwingenberg (Baden), Bahnhof, GPS N 49°24.966' E 009°02.592'

➲ 14,4 km

⌛ ca. 3 Std. 30 Min.

↑↓ 581 m/541 m

⇧ 120-626 m

✎ wechselnde Markierungen, die erste Hälfte begleitet Sie ein gelbes Kreuz

Bei der Wanderung wechseln sich schmale, enge Pfade mit Waldwegen ab. Einzelne Abschnitte verlaufen auf Asphaltstraßen.

✕ in Eberbach (in der Altstadt) und Zwingenberg (unterhalb der Schloßstraße, Abzweig bei km 13,5)

Schutzhütte (km 4,3), Katzenbuckel (km 5,8), oberhalb der Wolfsschlucht (km 12,4), Schloss Zwingenberg (km 13,4)

Die nötige Trittsicherheit dürften nur wenige Kinder mitbringen. Mit ihnen ist es dann aber eine abwechslungsreiche und schöne Tour.

Die Tour ist mit dem Buggy nicht machbar.

Für sportliche Hunde sicher ein Vergnügen.

Beide Orte liegen an der Bahnstrecke Heidelberg – Mosbach bzw. Heilbronn. In Eberbach verkehren S-Bahnen alle 30 Min. und RB alle 120 Min. In Zwingenberg hält alle 30 Min. die S-Bahn. Die Fahrzeit zwischen beiden Orten beträgt 9 Min.

P In Eberbach nordöstlich des Bahnhofs befindet sich eine große Stellplatzanlage. In Zwingenberg können Sie ebenfalls am Bahnhof parken.

Am Ende des Bahnsteigs bzw. östlich des Bahnhofs befindet sich eine Fußgängerbrücke über die Gleise. Diese nutzen Sie, um Richtung Nordosten zu starten. Der Weg ist mit einem ✎ gelben Kreuz und als **Katzensteig** (grünes Logo mit Schriftzug) markiert. Dem gelben Kreuz folgen Sie bis nach Waldkatzenbach hinter dem Gipfel. Der Katzensteig biegt noch vor dem Gipfel ab.

Zunächst führt er zur Burgruine Eberbach. Sie queren den Parkplatz und die angrenzende Straße. Wenige Meter weiter rechts nehmen Sie den geradeaus in einem Rechtsbogen verlaufenden Schafwiesenweg. An dessen Ende biegen Sie rechts und direkt wieder links ab. An der nächsten Ecke geht es wieder links.

Nach wenigen Metern biegt rechts ein kleiner Fußweg ab, dem Sie folgen.

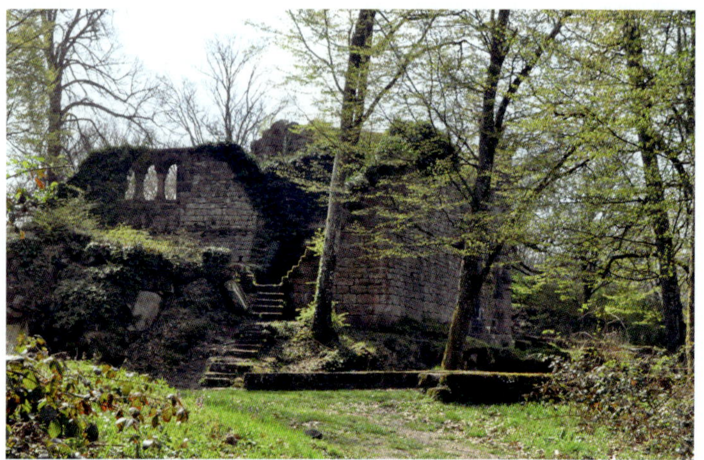

Burgruine Eberbach

Der sogenannte Burgweg führt Sie zwischen den Gärten und durch den Wald hinauf zur **Burgruine Eberbach ❶** (km 1,8). Sie wurde im 12. Jahrhundert an strategisch günstiger Stelle auf einem Felsvorsprung mit Blick über das Neckartal errichtet.

Von unten kommend lassen Sie die Burg rechts von sich und nehmen den zweiten Weg nach links, der niveaugleich und dann stark ansteigenden Richtung Nordosten führt. Er ist weiterhin mit dem gelben Kreuz und als Katzensteig markiert. An den folgenden beiden T-Kreuzungen gehen Sie rechts und dann immer geradeaus. Lassen Sie sich von den beiden gelben Kreuzen an einem rechts abzweigenden Weg nicht irritieren. Das Zeichen darunter soll zeigen, dass es hier nicht langgeht. Erst an der Kreuzung ❷ (km 3,7), wo zwei Wege von links kommen, die Sie unbeachtet lassen, trennen sich die beiden Markierungen. Sie folgen halb links dem gelben Kreuz über die wieder aufgeforstete Lichtung und treffen direkt dahinter auf eine ⌂ Schutzhütte (km 4,3).

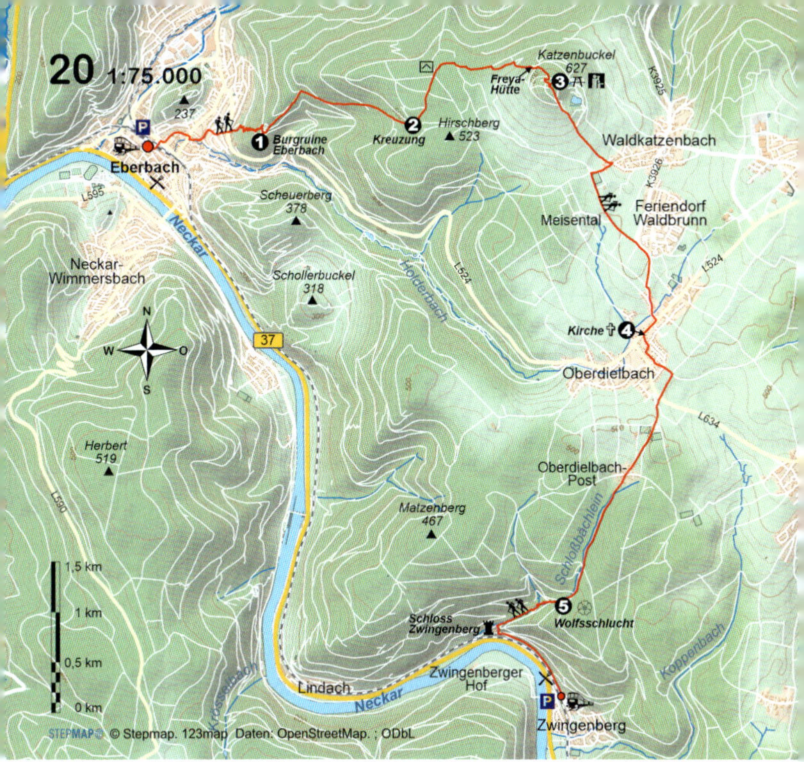

20 1:75.000

Eberbach
Burgruine Eberbach
Kreuzung
Hirschberg 523
Katzenbuckel 627
Freya-Hütte
Waldkatzenbach
Feriendorf Waldbrunn
Meisental
Kirche
Oberdielbach
Oberdielbach-Post
Schloßbächlein
Wolfsschlucht
Schloss Zwingenberg
Zwingenberger Hof
Zwingenberg
Lindach
Neckar
Neckar-Wimmersbach
Scheuerberg 378
Schollerbuckel 318
Matzenberg 467
Herbert 519
Holderbach
Koppenbach
Krösselbach
237
37
L595
L590
L524
L634
K3925
K3926
N
O
S
W
1,5 km
1 km
0,5 km
0 km

STEPMAP © Stepmap. 123map Daten: OpenStreetMap. ; ODbL

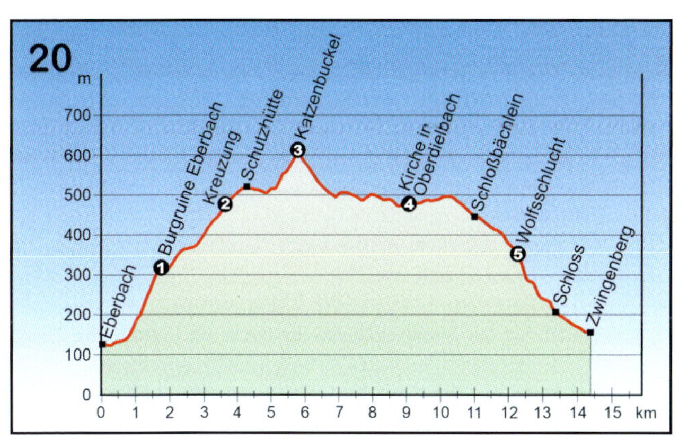

Im großen Rechtsbogen nähern Sie sich dem Gipfel. Sie kommen an der Übernachtungshütte Freya vorbei und gelangen auf den **Katzenbuckel** ❸ (km 5,8), den höchsten Berg des Odenwaldes mit 627 m. Vom Aussichtsturm haben Sie einen herrlichen Blick.

Nun verlassen Sie den Wald und laufen zwischen Obstbäumen mit Blick über die sanften Hügel Richtung Süden. Bei den ersten Häusern von Waldkatzenbach verlassen Sie den Weg mit der Markierung gelbes Kreuz und laufen nach rechts. Hinter dem Sportplatz gehen Sie wieder nach links. Sie treffen auf eine größere Straße mit neu angelegtem Radweg. Dieser folgen Sie nach rechts in den Ort Oberdielbach. Der Hauptstraße folgen Sie ebenfalls nach rechts bis zur Kirche ❹ (km 9,1) und biegen dort links ab. Auf den nächsten beiden Kilometern bis zum Ortsteil Oderdielbach-Post begleitet Sie nochmals das gelbe Kreuz. Der Weg führt vorbei an Obstbäumen und Sportplätzen. Hinter Post gelangen Sie wieder in den Wald. Sie begleiten das Schloßbächlein zum Schloss Zwingenberg und gelangen zum oberen Einstieg in die **Wolfsschlucht** ❺ (km 12,4).

Bei der Wolfsschlucht handelt es sich um ein sehr anspruchsvolles Wegstück. Sollten Sie sich nicht fit fühlen, nutzen Sie bitte den Weg, der im großen Bogen links/östlich der Schlucht nach Zwingenberg führt. Bei Schnee und Eis ist die Schlucht nicht begehbar.

Wer sich für die Wolfsschlucht entscheidet, wird von einem wunderbaren Pfad begleitet von einem Bachlauf belohnt, der steil hinab zum **Schloss Zwingenberg** (km 13,4) führt. Eine beeindruckende Anlage mit Blick über den Neckar, die nach Anmeldung besichtigt werden kann.

Schloss Zwingenberg ist eine Burganlage aus dem 15. Jahrhundert. Sie befindet sich im Privatbesitz von Prinz Ludwig von Baden, der dort mit seiner Familie wohnt. Zum Anwesen gehören auch 2.000 Hektar Wald. Im Sommer finden in der Burg Schlossfestspiele und im Herbst ein Garten- und Pflanzenmarkt statt. Führungen sind auf Anfrage möglich.

♦ Schloss Zwingenberg, ☏ 062 63/41 10 10, sekretariat@schloss-zwingenberg.de, schloss-zwingenberg.de, Führung ab € 50

Links hinab auf der Straße gelangen Sie direkt zur Bahnstation Zwingenberg.

Wer noch einkehren möchte, nimmt den unmittelbar rechts zur Alten Dorfstraße herunterführenden Pfad.

21 Auf dem Neckarsteig von Mosbach zur Burg Hornberg

Tour für „echte" Altstadt- und Burgenfans

Mit Start in der wunderbaren Altstadt von Mosbach geht es auf einer kurzen, waldreichen Tour auf abwechslungsreichen Wegen zu der faszinierenden Burg Hornberg. Diese bietet nicht nur einen faszinierenden Blick über den Neckar, sondern vor allem einen Einblick in die Geschichte von Burgen, denn sie ist gut erhalten, aufbereitet und dokumentiert. Die Tour führt überwiegend über den Neckarsteig, einem als Qualitätswanderweg zertifizierten Weg, der von Heidelberg bis nach Bad Wimpfen durch das Neckartal führt.

Am Wegesrand

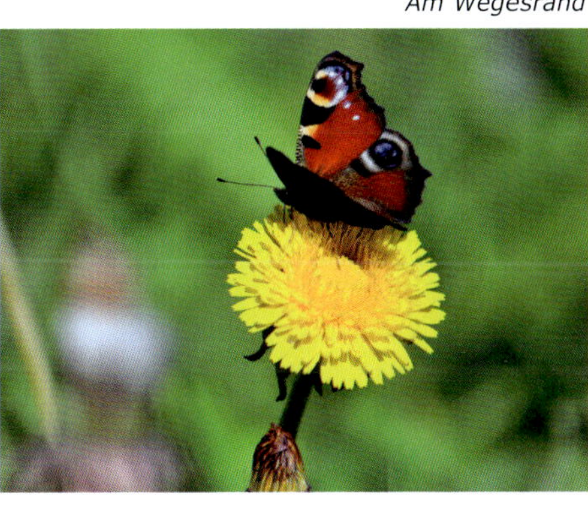

- → Start: Mosbach (Baden), Bahnhof, GPS N 49°21.130' E 009°08.662', Ziel: Neckarzimmern, Bahnhof, GPS N 49°19.024' E 009°08.180'
- ⊃ 8,8 km
- ⧗ ca. 2 Std.
- ↑↓ 298 m/318 m
- ⇧ 139-326 m
- ✎ überwiegend auf dem Neckarsteig (blaues, einem Flusslauf nachempfundenes N auf weißem Grund)
- Die Wegbeschaffenheit ist abwechslungsreich. Es gibt sowohl schmale, steile Pfade als auch breite Forstwege und einzelne Abschnitte über asphaltierte Straßen.
- ✕ in Mosbach und Neckarzimmern (km 8,5 bzw. im Ort)
- Marktplatz (km 0,5), Geistereiche (km 2,2), Burg Hornberg (km 7,3)
- sportliche Tour auf abwechslungsreichen, schönen Wegen mit einem tollen Ziel, für das sich Kinder bestimmt begeistern lassen
- Es gibt einige steile, schmale Pfade, die ich für den Buggy nicht empfehlen kann.

Die Tour ist für Vierbeiner sehr gut geeignet.

Nach Mosbach verkehrt von Heidelberg alle 30 Min. die S-Bahn. Von Neckarzimmern verkehrt die S-Bahn mit Umstieg in Neckarelz alle 60 Min.

P Das Auto können Sie am besten in Neckarzimmern am Bahnhof abstellen. Von dort ist es keine Viertelstunde mit der S-Bahn nach Mosbach (stündlich). Versetzt dazu gibt es eine ebenso schnelle Verbindung mit der Regionalbahn und Umstieg in Neckarelz.

Von den Gleisen gelangen Sie durch eine Unterführung unter der Bundesstraße hindurch zum östlichen Bahnhofsausgang und stehen unmittelbar in der Altstadt. Machen Sie zunächst einen Schlenker durch die Altstadt, bevor Sie auf der gegenüberliegenden Seite den Hang hinaufsteigen. Beispielsweise können Sie auf der Hauptstraße nach links laufen. Bevor Sie die Fußgängerzone verlassen, befindet sich auf der rechten Seite eine beliebte Eisdiele.

Eiscafé Venezia, Hauptstraße 90, 74821 Mosbach, ☏ 062 61/846 47 30, Mo-So 11:00-20:00

Nun gehen Sie die Hauptstraße wieder ein Stück zurück und biegen in die nächste Straße links ein, um direkt wieder nach rechts abzubiegen. Über den Kirchplatz gelangen Sie zum **Marktplatz**. Dort befindet sich die Touristeninformation.

Tourist Information Mosbach, Marktplatz 4, 74821 Mosbach, ☏ 062 61/918 80, tourist.info@mosbach.de, mosbach.de, Mai-Sep Mo-Fr 9:00-17:00, Sa 9:00-13:00, Okt-April Mo-Fr 9:00-13:00 u. 14:00-17:00

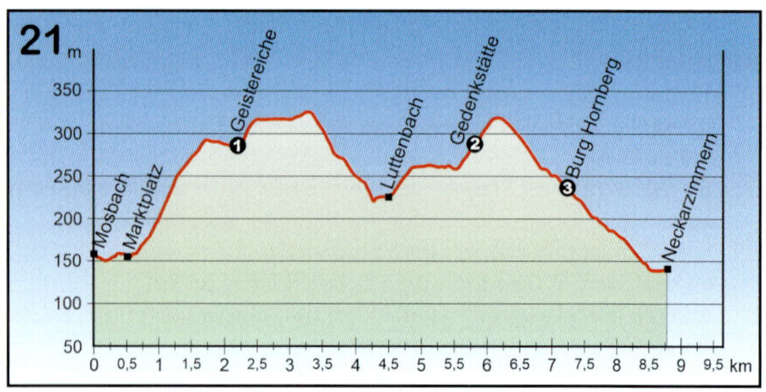

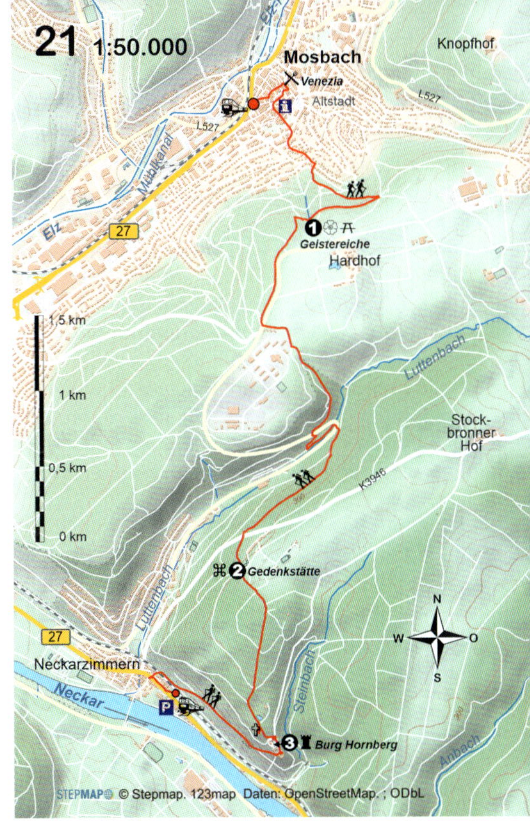

Um Richtung Burg zu starten, verlassen Sie den Marktplatz über die Schlossgasse Richtung Südosten. Diese geht in die Heugasse über und führt Sie zu einer Brunnenanlage, an der eine Treppe beginnt, der Sie hinauffolgen. Der Weg ist als ✎ Neckarsteig markiert. Auf dem folgenden Kilometer geht es 150 Höhenmeter kontinuierlich bergauf. Am oberen Ende der Treppe biegen Sie halb rechts in den Oberen Mühlenweg ein. An der nächsten Ecke biegen Sie links ab. Sie treffen auf eine Straße, der Sie wenige Meter nach halb links folgen, und biegen dann zwischen den Häusern nach rechts ab. Sie lassen die Bebauung hinter sich und betreten ein Waldstück. In einem großen Bogen laufen Sie nach Osten und nehmen den Weg scharf rechts. Es geht leicht bergab und Sie gelangen zur ❀ **Geistereiche** ❶ (km 2,2), einem alten markanten Baum, der als Naturdenkmal geschützt ist. Es gibt eine ⩚ Bank.

Direkt danach halten Sie sich links. Sie laufen 500 m parallel zu einer größeren Straße, die Sie kurz vor der Bebauung einer ehemaligen Kaserne nach links queren, um östlich an den Gebäuden vorbeizulaufen. Auf dem nächsten Kilometer geht es wieder 100 Höhenmeter hinab. Sie treffen auf eine Straße mit Spitzkehre, die Sie zweimal queren. Es folgt ein weiterer Anstieg. Sie treffen abermals auf eine Straße. Links können Sie die Gebäude der Evangelischen Jugendbildungsstätte sehen.

Dann treffen Sie auf den westlichen Eingang der Jugendbildungsstätte sowie den Zugang zur **Gedenkstätte ❷** (km 5,8). Es handelt sich um ein Mahnmal, das an die Deportation der Jüdinnen und Juden in Baden erinnert.

Hier verlassen Sie den Neckarsteig und gehen geradeaus direkt zur Burg Hornberg. Sie laufen am Waldrand entlang und treffen auf einen Feldweg, dem Sie weiter geradeaus folgen. Beim Wiedereintritt in den Wald macht der Weg einen Rechtsknick und führt kontinuierlich bergab quer durch den Wald genau nach Süden auf die Burg zu. Sie treffen auf eine Lichtung, die Sie rechts umrunden. Kurz vor der Burg befindet sich rechts die Kapelle der Fürstenfamilie von Gemmingen. Von hier haben Sie schon einen schönen Blick auf die Burg.

Sie erreichen die **Burg Hornberg ❸** (km 7,3) am nördlichen Eingang und betreten den äußeren Zwinger. Um sich ein Ticket zu kaufen, müssen Sie zunächst in den südlichen Vorhof gehen. Dort gibt es eine kleine Information für Besuchende mit Laden. Hier können Sie unter anderem die Weine des Weingutes Burg Hornberg erwerben.

i Tourist-Info der Burg Hornberg, Mo-Fr 11:00-17:00, Sa-So 10:00-18:00, Zugang zur Burg mit Ticket jederzeit möglich, Eintritt: € 7, ermäßigt € 5. Es werden Führungen angeboten.

Burg Hornberg

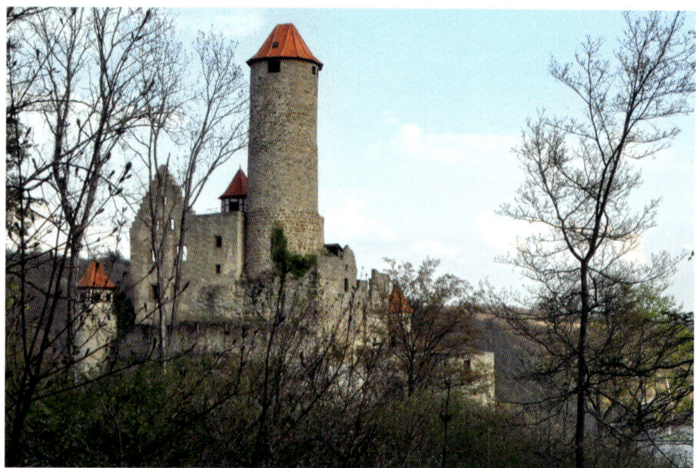

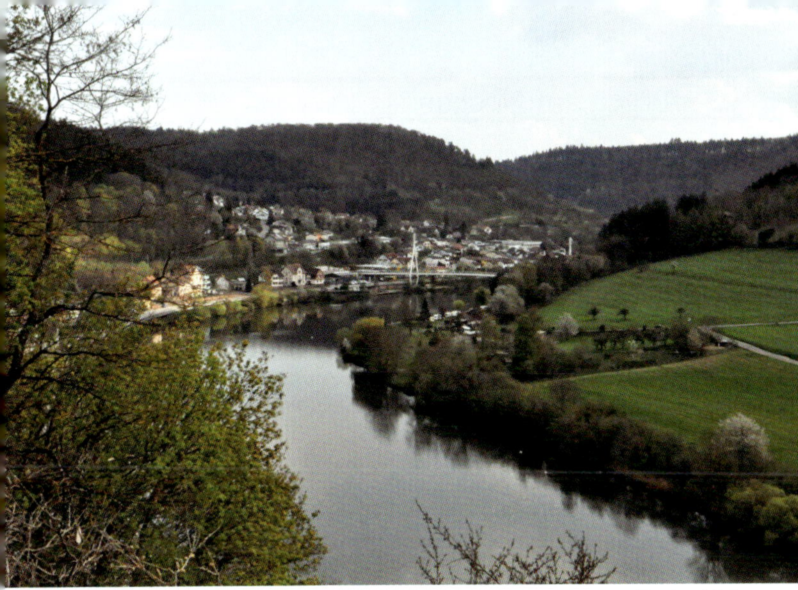

Neckarblick

Bei der Burg Hornberg handelt es sich um eine große Anlage aus dem 11. Jahrhundert, die bestens erhalten ist. Zwischen Weinbergen gelegen erhebt sie sich über dem Neckartal. Im 15. Jahrhundert war sie in Besitz des berühmten Ritters Götz von Berlichingen zu Hornberg, der später Vorbild für das gleichnamige Schauspiel von Johann Wolfgang von Goethe war. Im 17. Jahrhundert kauften die Freiherren von Gemmingen die Burg, die diese heute in 12. Generation erhalten und bewirtschaften. Ein Rundgang mit 24 Stationen lädt zur Erkundung der Burg ein. Auf der Vorburg befinden sich auch ein 4-Sterne-Hotel und Restaurant. Zur Burg gehört ein Weingut. Es handelt sich um eines der ältesten Weingüter weltweit und umfasst 10 Hektar Rebfläche, wo unter anderem die historischen Weinsorten Muskateller und Traminer angebaut werden. Der Ausbau erfolgt in einem Gewölbekeller aus dem 17. Jahrhundert unterhalb der Burg. Weitere Informationen zur Burg finden Sie unter burg-hornberg.de.

Der Ort Neckarzimmern und der Bahnhof liegen nordwestlich der Burg. Sie folgen der aus dem Vorhof führenden Straße hinab. Unterhalb sehen Sie schon den Bahnhof. Leider gibt es keinen direkten Zugang und Sie müssen erst hinab in den Ort und dann auf der Hauptstraße zurück. So kommen Sie an der Gemeindeverwaltung und dem historischen Weinkeller der Burg vorbei.

㉒ Burgen am Neckar

Tour für Burgenliebhaberinnen und -liebhaber mit faszinierenden Neckarausblicken

(👪👪) 🐕🐕

Diese Wanderung am Neckar startet im Osten von Heidelberg im Ortsteil Schlierbach. Zunächst geht es auf der Nordseite des Neckars entlang. Sie genießen herrliche Ausblicke über das Neckartal. Dann erkunden Sie die Burgen von Neckarsteinach, bevor Sie den Fluss queren und zur Burgfeste Dilsberg aufsteigen. Zurück geht schließlich auf der Südseite des Neckars bis nach Neckargemünd. Durch die am Neckar entlang verkehrende S-Bahn gibt es vielfältige Abkürzungsmöglichkeiten. Mit einer Übernachtung in der Jugendherberge auf der Burgfeste Dilsberg lässt sich die Tour teilen.

→ Start: Heidelberg, S-Bahnhaltestelle „Heidelberg-Schlierbach/Ziegelhausen", GPS N 49°24.907' E 008°45.681', Ziel: Neckargemünd, S-Bahnhaltestelle „Neckargemünd", GPS N 49°23.619' E 008°47.303'

⊃ 22,3 km

⌛ ca. 6 Std.

↑↓ 789 m/742 m

⇧ 57-296 m

✎ überwiegend rotes R und blaues N des Neckarsteigs

Dieser abwechslungsreiche Weg führt überwiegend über Waldwege. Teilweise sind sie unbefestigt und schön weich.

✕ in Neckarsteinach (ab km 10,4), Burgfeste Dilsberg (km 13,2), in Neckargemünd (ab km 20,5)

Aussichtspunkt mit Hütte (km 1,3), Rothsnasenhütte (km 5,2), Burg Schadeck (Schwalbennest) (km 9,1), Neckarsteinach Flussufer (km 10,9), Burgfeste Dilsberg (km 13,2), Bank am Bach (km 16,2), Quelle (km 16,9), Bockfelsenhütte (km 19,3), Neckargemünd Marktplatz (km 20,8)

Die Burgen zu erkunden ist sicher ein Erlebnis und in der kurzen Variante mit Start in Neckargemünd (☞ Variante V1) und bis zum Bahnhof in Neckarsteinach (☞ Variante V2, zusammen 7 km) auch gut machbar. Wer sich dann noch den Aufstieg zur Burgfeste Dilsberg zutraut (9,3 km, entspricht V1+V3), hat fünf Burgen an einem Tag gesehen.

Die Wanderung ist aufgrund der Wegbeschaffenheit und der Steigungen mit dem Buggy nicht machbar. Auch auf der kurzen Variante gibt es zum Schwalbennest runter ein paar Stufen.

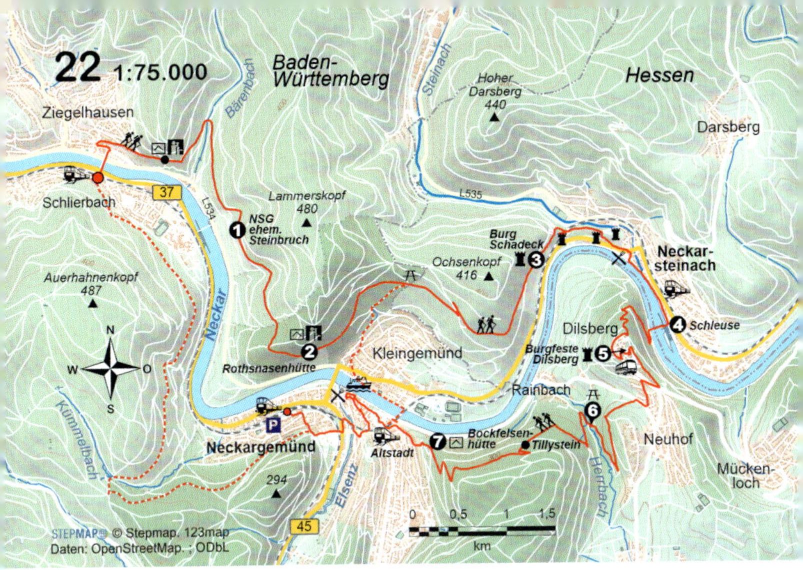

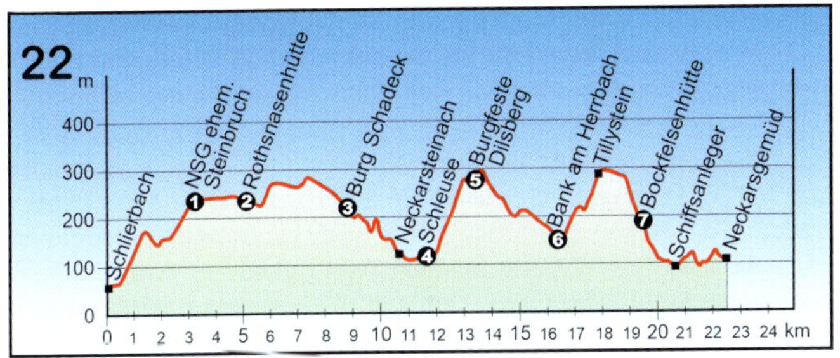

🐕 Der Weg lässt sich gut mit Hunden laufen. Bei den Burgen könnten ggf. ein paar mehr Leute sein. Direkt zu Beginn (km 1,9) und dann erst wieder am Bachlauf nach 16,2 km gibt es eine Trinkmöglichkeit.

🚆 Start und Ziel liegen an der S-Bahnstrecke, die am Neckar entlang zwischen Heidelberg und Mosbach alle 30 Min. verkehrt.

P Am Startpunkt lässt es sich nicht parken, daher empfehle ich Ihnen, das Auto in Neckargemünd am Bahnhof auf der Südseite abzustellen. Sie können die Tour von dort starten (☞ Variante V1) oder zwei Stationen mit der S-Bahn Richtung Heidelberg zum Ausgangspunkt fahren.

☺ Kombinieren Sie die Tour mit einer Schifffahrt auf dem Neckar! Zwischen Heidelberg und Neckarsteinach mit Halt in Neckargemünd verkehrt die Weisse Flotte Heidelberg im Linienverkehr. Es werden bis zu sechs Fahrten je Richtung in der Hauptsaison angeboten, weisseflottehd.de.

V1+V2: kurze Variante nur zu den Burgen zwischen Neckargemünd und Neckarsteinach 7 km

V1+V3: kurze Variante zusätzlich mit dem Aufstieg zur Burgfeste Dilsberg 9,3 km

V2: vom Ausgangspunkt in Schlierbach bis nach Neckarsteinnach 11,4 km

V3: vom Ausgangspunkt bis zur Burgfeste Dilsberg 13,7 km

V4: als Rundtour zurück zum Ausgangspunkt 28 km

Vom Bahnsteig kommend, laufen Sie über die Brücke auf die andere Neckarseite. Dort biegen Sie links ab, um auf die parallel verlaufende Straße weiter oben zu gelangen. Vor der Fußgängerzone gehen Sie dafür zweimal nach rechts, um auf der Schönauer Straße Richtung Osten zu laufen. Der Weg ist ab hier mit dem großen roten R als Wanderweg markiert. Sie folgen ihm bis zur Mittelburg in Neckarsteinach. Es geht kontinuierlich bergauf. Sie lassen die Bebauung hinter sich. Die Straße geht in einen Waldweg über und Sie gelangen zu einem überdachten Rastplatz (km 1,3) mit tollen Ausblicken über den Neckar.

Es zweigen zwei Wege links ab, Sie aber laufen geradeaus und folgen dem asphaltierten Weg. Dieser macht einen Linksschlenker, um den nächsten Zulauf zum Neckar zu queren. Am Bach (km 1,9) gehen Sie noch wenige Meter nach links. Dann geht es auf der anderen Seite wieder leicht bergan und zurück Richtung Neckar. Oberhalb eines ehemaligen Steinbruches ❶ (km 3,3) kommen Sie wieder an den Neckar. Der Steinbruch ist heute ein Naturschutzgebiet und eingezäunt. Ein weicher Waldpfad führt am Zaun entlang. An der folgenden Kreuzung halten Sie sich halb links. Oberhalb des Naturschutzgebietes Felsenberg gelangen Sie zum **Aussichtspunkt Rothsnasenhütte** ❷ (km 5,2) mit Rastplatz und Schutzhütte. Sie haben einen herrlichen Blick auf Neckargemünd.

Kurz darauf treffen Sie auf einen geschotterten Forstweg. Rechts geht es nach Neckargemünd. Sie laufen links leicht bergan und folgen dem Forstweg ein kurzes Stück (350 m).

An einer Wegaufweitung mit Baumstämmen zweigt der Weg rechts von der Forststraße ab.

Der Pfad führt Sie zu einer Kreuzung mit einer Bank (km 6,7). Sie laufen geradeaus weiter.

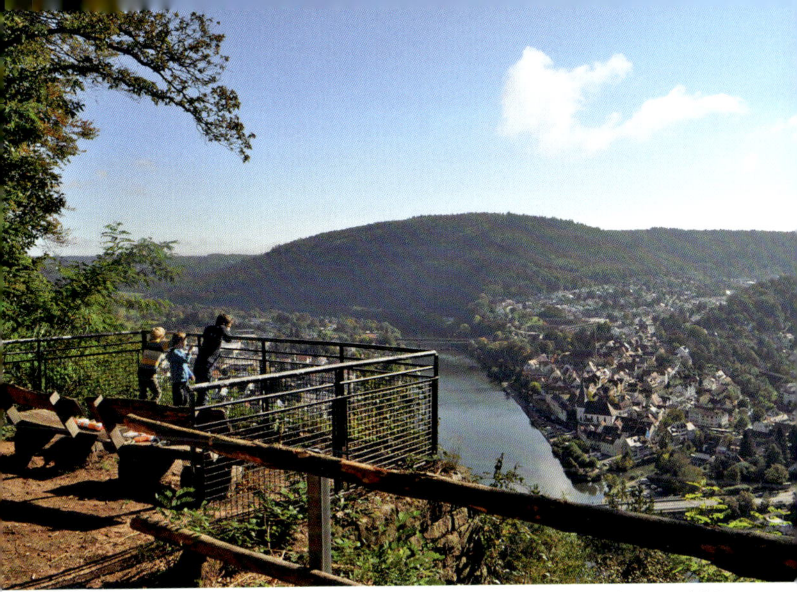

Blick unterhalb der Rothsnasenhütte

V1: Wer nur die Burgen erlaufen möchte und auf den ersten Abschnitt mit seinen tollen Ausblicken auf den Neckar verzichtet, kann in Neckargemünd starten. Von der Haltestelle „Neckargemünd-Altstadt" können Sie in 2,3 km anstelle der bisher gelaufenen 6,7 km zu dieser Kreuzung gelangen und sparen sich 4,4 km. Sie verlassen die Haltestelle Richtung Altstadt und laufen direkt nach rechts am Bahnsteig entlang. Der größeren Straße am Flussufer folgen Sie wenige Meter nach rechts, um den Neckar zu queren. Auf der anderen Uferseite laufen Sie nach links. Wenn Sie auf die Uferstraße treffen, gehen Sie halb rechts die Bergstraße hinauf, der Sie nun bis an den Waldrand folgen. Dabei queren Sie eine Bundesstraße. Es folgen vier Einmündungen von links bzw. rechts. An der nächsten Kreuzung biegen Sie nach links ab. Sie laufen einmal halb rechts und dann halb links. Die Straße geht in einen Weg über und Sie lassen die letzten Häuser hinter sich. An der nächsten Gabelung gehen Sie halb links hinauf in den Wald. Sie queren einen Forstweg und gelangen zu der Kreuzung mit Bank bei km 6,7 der Hauptroute. Hier gehen Sie halb rechts (nicht rechts).

An der nächsten T-Kreuzung laufen Sie zunächst links ein paar Meter hinauf und dann rechts weiter parallel zum Fluss.

Sie kommen an einer Futterkrippe und dem Teufelstein vorbei, bevor Sie zum **Aussichtspunkt** oberhalb der **Burgruine Schadeck** (Schwalbennest) ❸ (km 8,9) gelangen. Sie haben einen großartigen Blick über den Neckar, die Burgen von Neckarsteinach sowie dem Ort. Auf der anderen Neckarseite sehen Sie den Dilsberg mit dem herausragenden Kirchturm der Burgfeste, an der Sie später noch vorbeikommen. Dahinter geht es rechts über Treppen hinab zur Burgruine. Im Burghof können Sie windgeschützt pausieren (km 9,1). Die Burg selbst war Anfang 2022 aufgrund von Sicherungsarbeiten nicht begehbar.

Beim Verlassen der Burg gehen Sie nach rechts und folgen dem niveaugleichen Wanderweg am Hang entlang. Nach wenigen Metern kommen Sie bereits zur **Hinterburg** (km 9,7). Hier sind die Grundmauern und ein Turm erhalten, der als Aussichtsturm erklettert werden kann. Hinter der Burg folgen Sie weiter dem roten R und erreichen die Mittelburg. Diese befindet sich in Privatbesitz und ist nicht zugänglich. Einzelne Räumlichkeiten können jedoch für Feierlichkeiten gebucht werden (mittelburg.net). An der Mittelburg verlassen Sie den Weg mit dem roten R. Geradeaus befindet sich die vierte Burg, die Vorderburg, welche vermietet und ebenfalls nicht zugänglich ist, weshalb diese Tour auf deren Besuch verzichtet. Sie biegen hinter der Mittelburg stattdessen rechts ab und gehen direkt wieder links auf dem Schlosssteig in den Ort **Neckarsteinach** hinunter.

Hinterburg

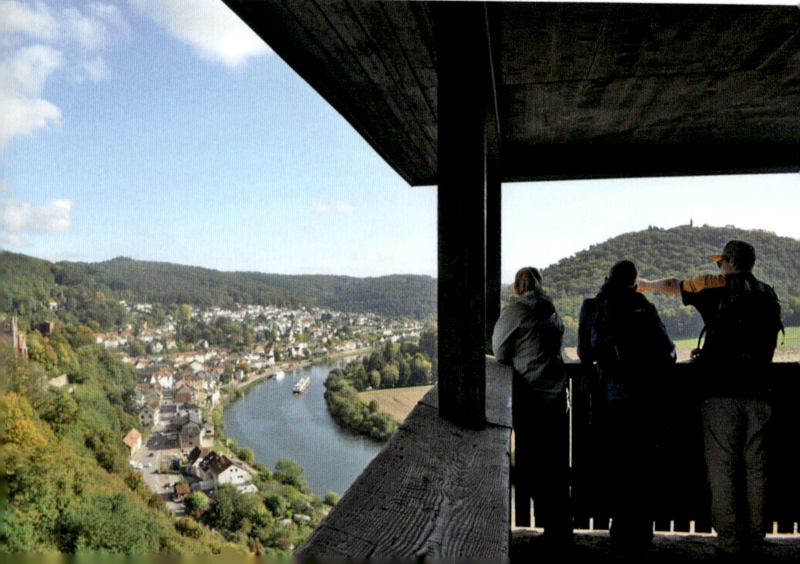

 Sie treffen auf die Hauptstraße mit regem Autoverkehr.

Gegenüber befindet sich ein Restaurant.

✕ Zum Schiff, Neckargemünder Straße 2, 69239 Neckarsteinach, ☏ 062 29/324, info@zum-schiff.de, zum-schiff.de, Sa-So 11:30-14:00, Fr-Di 17:30-20:30

Auf der Hauptstraße laufen Sie nach links und gelangen zum Rathaus. Gegenüber gehen Sie hinunter zum Schiffsanleger. Unterwegs gibt es folgende Einkehrmöglichkeiten:

✕ Pizzeria und Eiscafé Maranello, Hauptstraße 16-20, 69239 Neckarsteinach, ☏ 062 29/93 33 57, ristorante-maranello@gmx.de, pizzeria-gelateria-maranello.de, Di-So 11:00-23:00

♦ Ambtman, Hirschgass 1, 69239 Neckarsteinach, ☏ 062 29/21 15, info@zum-ambtman.de, zum-ambtman.de, Di-So 18:00-23:00, Sa-So auch 12:00-14:00, in spätmittelalterlichem Gebäude nach Sanierung 2021 wieder eröffnet

♦ Gasthaus zum Schwanen mit Neckarterrasse, Neckarstraße 42, 69239 Neckarsteinach, ☏ 062 29/933 38 88, info@schwanen-neckarsteinach.de, schwanen-neckarsteinach.de, Mo-So 11:30-22:00

♦ Café und Loungerie am Geopark, Neckarstraße 47, 69239 Neckarsteinach, ☏ 062 29/70 89 14, info@cafeamgeopark.de, cafeamgeopark.de, Mo-Fr 11:00-18:00, Sa-So 9:30-18:00

Sie laufen weiter links am Neckar entlang Richtung Schleuse.

V2: Nachdem Sie den Bachlauf gequert haben, geht links eine Straße hoch (bei km 10,9). Über diese gelangen Sie nach 500 m zum Bahnhof von Neckasteinach. Gehen Sie hoch zu der dort verlaufenden Bundesstraße und dann nach rechts. Wenn Sie erst in Neckargemünd gestartet sind (V1), sind es bis hierher 7 km. Neckarsteinach liegt ebenfalls an der S-Bahnstrecke Heidelberg – Mosbach.

Sie erreichen die **Schleuse** ❹ (km 11,5) und queren den Neckar. Am anderen Ufer angekommen laufen Sie nach links und folgen ab hier der Beschilderung des Neckarsteig (blaues N auf weißem Grund). Ein kleiner Pfad biegt gleich rechts ab, um hinauf zur Burgfeste Dilsberg zu gelang.

An der nächsten Kreuzung, wenn es rechts hinab zum Campingplatz geht, biegen Sie links ab. Es geht weiter hinauf Richtung Feste. Oben angekommen wird der Neckarsteig nach rechts ausgewiesen. Sie umrunden die Feste und gelangen zum **Haupttor der Burgfeste Dilsberg** ❺ (km 13,2). Sie können aber auch durch das kleine Tor schlüpfen und innen auf der Unteren Straße zum Haupttor laufen. Am Haupttor befindet sich eine Jugendherberge (☏ 062 23/972 30 21, JH-Dilsberg@jugendherberge.de).

Die Jugendherberge eröffnet eine schöne Gelegenheit, die Tour zu teilen und in dem mittelalterlichen Bergdorf zu nächtigen.

V3: Unterhalb des Tores befindet sich eine Bushaltestelle. Wenn Sie hier in den Bus steigen wollen, kommen Sie nach dem Besuch der Feste von der Burg aus wieder hierher zurück (13,7). Die Haltestelle heißt „Neckargemünd -Dilsberg, Vor dem Tor 3“. Der Bus 753 verkehrt stündlich in knapp 20 Minuten nach Neckargemünd, Bahnhof. Halbstündlich versetzt fährt der Bus 752 an der Haltestelle „Dilsberg, Abzw. Mückenloch“ 350 m weiter die Straße unten ab.

Sie betreten die Anlage durch das Haupttor. Auf dem Weg zur Burg kommen Sie an einem Café und einem Restaurant vorbei.

✕ Chocolaterie im Gasthaus zur Burg, Obere Straße 12, 69151 Dilsberg-Neckargemünd, ☏ 062 23/86 47 48, chocolaterie_dilsberg@t-online.de, das-beste-zum-schluss.de, Do-So 11:00-17:00. ☺ Lassen Sie sich von der Feinkost und Schokolade sowie dem Käse, Brot und Wein überraschen! Sie können ab zwei Personen einen Picknickkorb vorbestellen.

♦ Gasthaus zur Sonne, Obere Straße 14, 69151 Dilsberg-Neckargemünd, ☏ 062 23/22 10, zur-sonne-dilsberg.de, Fr-Di 11:30-14:30 und 18:00-22:00, So durchgehend geöffnet

Die Burg befindet sich rechts.

Die Burg Dilsberg wurde im 12. Jahrhundert errichtet. Die heutige Anlage stammt aus dem 14. Jahrhundert, nach der Eroberung und dem Ausbau durch die Pfalzgrafen von Heidelberg. Zudem wurde im 14. Jahrhundert eine Wohnsiedlung um die Burg gegründet. Sie wurde Verwaltungszentrum und im Dreißigjährigen Krieg weiter ausgebaut. Die malerische Gesamtanlage der Burgfeste Dilsberg hat sich zu einem beliebten Reiseziel entwickelt. Vom Burgturm haben Sie einen herrlichen Blick über den Neckar und den Odenwald.

♦ Burghofweg 3a, 69151 Dilsberg-Neckargemünd, armin.erles@burg-dilsberg.de, burgfeste-dilsberg.de und burg-dilsberg.de, Di-So 10:00-17:30, Eintritt: € 2, sonntags werden regelmäßig öffentliche Führungen (+ € 3) angeboten. Der Burgstollen war Anfang 2022 nicht begehbar.

Beim Verlassen der Burg laufen Sie scharf links und machen sich auf den Weg Richtung Neckargemünd. Unterhalb der Burg, mit dem Vorplatz über eine Mauer mit Torbogen verbunden, befindet sich das Kommandantenhaus, welches heute als Kulturzentrum genutzt wird. Sie laufen durch den Torbogen und treffen wieder auf den Neckarsteig, dem Sie nach rechts folgen. Sie kommen an eine befahrene Straße, an der Sie nach rechts laufen. Nun treffen Sie auf die vom Haupttor kommende Straße, der Sie wenige Meter wieder hinauf Richtung Haupttor folgen, um dann direkt halb links abzubiegen. Gleich darauf geht es scharf links Richtung Tal hinab. Sie treffen nochmals auf eine befahrene Straße, gehen wenige Meter nach rechts und biegen dann links ab.

Zunächst zwischen Streuobstwiesen geht es alsbald auf einem breiten Forstweg leicht bergab. Der Weg macht eine Rechtskehre.

Nach gut 500 m auf dem breiten, leicht bergab verlaufenden Forstweg biegt der Neckarsteig in einen kleinen Pfad nach links ab.

Es geht steil bergab und Sie gelangen zu einer Bank am Bachlauf des Herrbachs ❻ (km 16,2). Unter Bäumen lässt es sich herrlich dem plätschernden Bach zuhören. Weiter geht es über die Brücke und in zwei Kehren wieder hinauf. Sie kommen an die Quelle eines Zuflusses zum Herrbach (km 16,9). Hier haben Sie einen schönen Blick zurück auf die Burgfeste Dilsberg. Dann biegt der Neckarsteig links in einen schmalen Pfad ab, der steil hinaufführt. Auf halber Höhe befindet sich der Tillystein, ein großer Fels an Wegesrand. Oben angekommen geht es nach rechts. Rechter Hand können Sie die Häuser von Neckargemünd erahnen. Der Weg führt ein Stück links ins nächste Tal hinein und dann als schmaler Pfad rechts steil hinab. Sie kommen zur Bockfelsenhütte ❼ (km 19,3) mit schönem Ausblick über den Neckar.

Sie erreichen Neckargemünd oberhalb der neuen Gebäude eines Schulkomplexes. Vielleicht waren sie Ihnen mit ihrer roten Fassade schon vom Aussichtspunkt an der Rothsnasenhütte aufgefallen. Direkt unterhalb befindet sich der S-Bahnhof „Neckargemünd-Altstadt". Um in die Altstadt zu gelangen, folgen Sie dem Neckarsteig über die Gleise und durch den Menzerpark. Auf der anderen Parkseite verlassen Sie den Neckarsteig und folgen der Straße ins Zentrum. An der Musikschule können Sie nach rechts einen Abstecher an den Neckar machen. Am Ufer gehen Sie links. Dort befindet sich auch der Schiffsanleger (☞ Hinweis zu Beginn der Tour). An der nächsten Straße wieder links hoch, kommen Sie an zwei Restaurants vorbei und am Platz wenige Meter weiter gibt es ein beliebtes Eiscafé.

- Alte Scheune, Schiffgasse 7, 69151 Neckargemünd, ☏ 062 23/15 83, alte-scheune-neckargemuend.de, Di-So 11:00-23:00
- Gasthaus Zum Schiff Neckargemünd, Schiffgasse 3, 69151 Neckargemünd, ☏ 062 23/13 26, Mi-Sa 17:00-1:00, So 16:00-22:00
- Eiscafé Giorgio de Filippi, Hauptstraße 69, 69151 Neckargemünd, 062 23/713 90, So-Fr 9:00-22:00, Sa 9:00-17:00

Zurück folgen Sie der Hauptstraße nach Osten über den Marktplatz (km 20,8). Auch hier laden Restaurants zum Verweilen ein.

- Atmosfera, Marktplatz 2, 69151 Neckargemünd, ☏ 062 23/954 10 41, restaurant.atmosfera@outlook.de, ristorante-atmosfera-neckargemuend.eatbu.com, Di-So 12:00-22:30
- Limoncello Cucina e Vino, Hauptstraße 16, 69151 Neckargemünd, ☏ 062 23/756 99 55, kontakt@limoncello-neckargemuend.com, limoncello-neckargemuend.com, Di-So 17:00-23:00, So auch 12:00-14:00

Der Straße weiter folgend passieren Sie das Stadttor und biegen rechts ab.

Wenn Sie mögen, können Sie auch zur Haltestelle „Neckargemünd Altstadt" zurücklaufen. Dann gehen Sie am Stadttor nach links. Sie können nach wenigen Metern rechts in den Park abbiegen. Die Haltestelle befindet sich rechts. Sie erreichen sie in 400 m nach insgesamt 21,4 km.

Sie folgen nun wieder dem Neckarsteig aus der Stadt hinaus. Hierzu queren Sie mehrere große Straßen. Die Gegend ist unwirtlich und der Weg für Fußgänger reichlich unattraktiv. Erst am Friedhof entlang wird es angenehmer. Die Treppe oben angekommen biegt der Neckarsteig links ab (Königsstuhl 9,3 km und Heidelberg 12,5 km) und Sie gehen nach rechts, um zum Bahnhof zu gelangen. An der nächsten Kreuzung gehen Sie direkt wieder rechts.

V4: Wer noch Energie und Zeit hat, kann zum Ausgangspunkt nach Schlierbach zurücklaufen (6,8 km). Sie folgen dem linken Neckarrandweg mit der Markierung gelbes R für 6,1 km. Oberhalb von Schlierbach treffen Sie auf den E1, der Sie hinunter zum Bahnhof führt.

Sie treffen auf die Waldstraße, der Sie nach links folgen. Sie biegen direkt rechts ab und laufen auf die Gleise zu. Kurz vorher geht es nach links. Der Bahnhof befindet sich auf Höhe des Fachmarktzentrums auf der anderen Seite der Stellplätze.

23 Zum Freilandmuseum Odenwald

Tour für Geschichtsinteressierte

Diese Wanderung beginnt mit einem sportlichen Anstieg. Die Höhe ermöglicht Ausblicke über Rippberg und später über Gottersdorf. Dort befindet sich das Freilandmuseum Odenwald. Historische Originalgebäude aus der Region mit Einrichtungen aus unterschiedlichen Epochen des 19. und 20. Jahrhunderts laden zu einer Zeitreise in die Alltagskultur von damals ein. Ergänzende Ausstellungselemente stellen aktuelle Bezüge her und beziehen die Besucherinnen und Besucher mit ein.

Start/Ziel: Rippenberg, Bahnhof, GPS N 49°37.477' E 009°17.483'

9,9 km, + ca. 1,5 km für den Besuch des Museums

ca. 2 Std. 30 Min., + 1-2 Std. für das Museum

273 m/273 m

200-389 m

überwiegend rotes, auf der Spitze stehendes Dreieck

Der Weg verläuft auf dem Hinweg über befestigte und asphaltierte Wege und auf dem Rückweg teilweise über unbefestigte Waldwege.

in Gottersdorf im Freilandmuseum (km 4,8) und Gasthof Schieser (km 5)

Brennerei (km 5)

Oberhalb von Rippberg gibt es mehre Bänke. In Gottersdorf gibt es weitere Sitzmöglichkeiten.

Freilandmuseum und Spielplatz sind für Kinder sicher ein großartiges Ziel, wenn die zurückzulegenden Kilometer bewältigt werden können.

Wen der Anstieg am Anfang nicht abschreckt, der kann mit dem Buggy den Hinweg wieder zurücklaufen. Das Stück über die Weide und dahinter durch den Wald ist nicht zu empfehlen. Bei Anreise mit dem Auto ist es eine Überlegung wert, das Auto am oberen Sommerbergring zu parken und sich den Anstieg durch den Wingertweg zu sparen.

Die Wanderung verläuft überwiegend auf festen Wegen. Insofern ist sie für Hunde wenig geeignet.

Nach Rippberg fährt die Westfranken Bahn alle 40-80 Min. und verbindet Miltenberg mit Walldüren. Es handelt sich um einen Bedarfshalt. Sie müssen im Zug den Haltewunsch per Knopfdruck ankündigen und sich am Haltepunkt gut sichtbar aufstellen.

P Am Bahnhaltepunkt gibt es die Möglichkeit, sein Auto abzustellen. Alternativ können Sie am Sommerbergring parken.

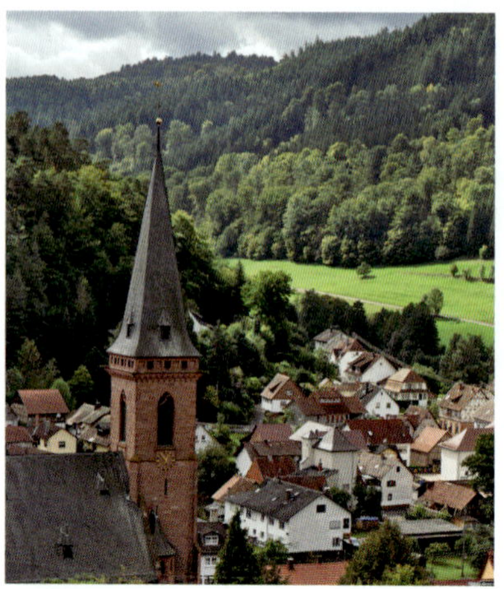

Rippberg

In Rippberg am Bahnhaltepunkt laufen Sie links die Bahnhofstraße hinunter. Noch vor der Hauptstraße gehen Sie links über einen Garagenhof und biegen direkt dahinter links in einen kleinen Weg ein, der Sie wieder hinauf zu Bahnlinie bringt. Diese queren Sie und laufen dahinter links. Sie befinden sich auf einem mit dem ✎ roten, auf der Spitze stehenden Dreieck markierten Wanderweg, der Freudenberg am Main mit Buchen im Odenwald verbindet. Nach wenigen Metern geht es rechts auf dem Wingertweg den Hang steil hinauf (20 Höhenmeter auf knapp 100 m).

↳ Sie können den Anstieg auf 1 km verteilen, indem Sie der Straße weiter folgen und eine große Serpentine laufen.

Oben angekommen geht es nach rechts auf die Straße, die an der obersten Häuserreihe entlangführt.

✋ Rechter Hand hört die Bebauung schließlich auf. Es folgt eine Weide, die an einem Gebüsch endet. Hier geht der Weg vor dem letzten Haus oberhalb Rippbergs ❶ (km 1) auf der linken Seite scharf links, den Hang weiter hinauf.

An der nächsten Kreuzung gehen Sie wieder scharf rechts und im großen Bogen Richtung Gottersdorf, einem Ortsteil von Walldürn. Schließlich geht es leicht bergab und Sie gelangen zu einer **T-Kreuzung** ❷ (km 3,3) vor einer Weide. Hier kommen Sie auf dem Rückweg von links und laufen den bisherigen Weg zurück. Jetzt laufen Sie nach rechts.

Der Weg nähert sich einer Straße. Bevor der Weg auf die Straße trifft, biegen Sie links ab und laufen über den Hof einer Schneiderin. Dahinter geht es weiter auf einem Feldweg. Sie erreichen die ersten Häuser von Gottersdorf und biegen nach rechts ab. Vielleicht fällt Ihnen schon das Bauernhaus Schüßler mit seinem schönen Vorgarten auf, das mit zum Odenwälder Freilandmuseum gehört und in dem Sonderausstellungen gezeigt werden. Geradeaus gelangen Sie zum Fischweiler. Es gibt einen 👪 Spielplatz mit Klettergerüst, Rutsche und Schaukeltieren. Am Ufer entlang laufen Sie zum Eingang vom ⌘ **Odenwälder Freilandmuseum ❸** (km 4,8). Es handelt sich um ein weitläufiges Gelände, für dessen Erkundung Sie mindestens Energie für zusätzliche 1,5 km und 1 bis 2 Stunden Zeit einplanen sollten.

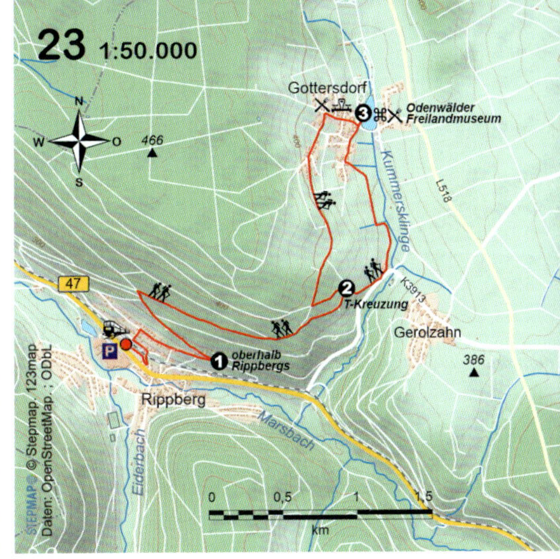

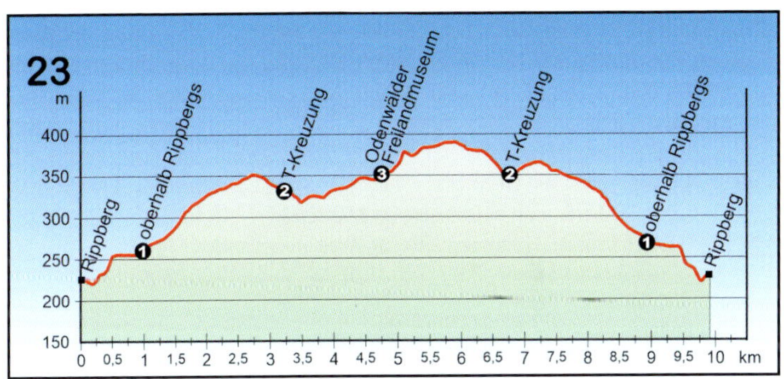

⌘ Odenwälder Freilandmuseum, Weiherstraße 12, 74731 Walldürn-Gottersdorf, ☏ 062 86/320, ✉ info@freilandmuseum.com, 💻 freilandmuseum.com, 🚪 Mai-Sep Di-So 10:00-18:00, Okt-April Di-So 10:00-17:00, Eintritt: € 6,50, ermäßigt € 4, Kinder € 2,50, Museumsführer (Druckerzeugnis) € 3

✕ Gaststube und Biergarten, 🚪 siehe Homepage. Es gibt kleine Speisen aus eigenen oder regionalen Zutaten und selbst gebackenen Kuchen. Sie befinden sich zudem im Einzugsgebiet der Brauerei Faust aus Miltenberg, deren Bier sehr zu empfehlen ist.

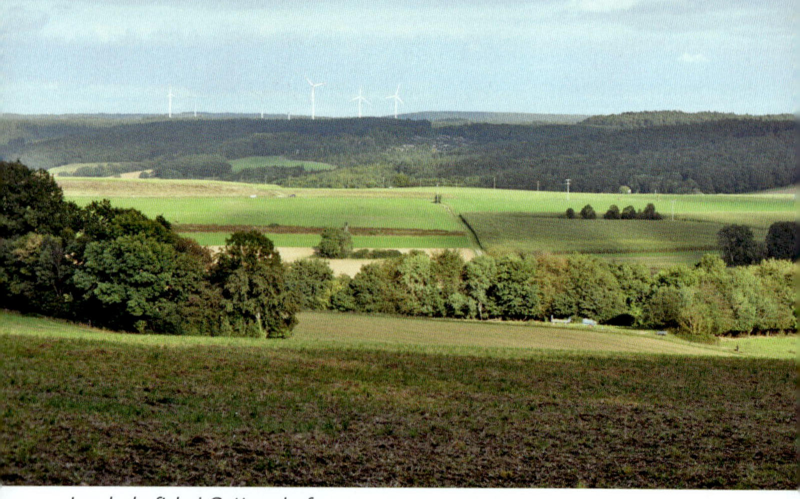

Landschaft bei Gottersdorf

Für den Rückweg gehen Sie zurück zum Spielplatz und laufen die Straße nach rechts. Sie kommen am zweiten externen Museumsstandort, dem Haus Bär, vorbei. Ein Stück den Hang hinauf befindet sich eine Brennerei. Hier zweigt der Wanderweg mit der ✎ Markierung des roten Dreiecks rechts ab. Sie gehen aber geradeaus und wenige Meter weiter befindet sich ein Gasthof mit Biergarten und eigener Brennerei.

Obstbrennerei Link, Weiherstraße 16, 74731 Walldürn-Gottersdorf, Mo-Fr 8:00-12:00, Mo-Mi, Fr auch 13:00-18:00, Sa 8:00-12:30

Gasthof-Schieser, Fichtenweg 2, 74731 Walldürn-Gottersdorf, ferienhof-schieser.de, So 11:00-19:00, Mo, Fr, Sa 17:00-22:00

Sie laufen weiter die Asphaltstraße zwischen den Birken steil hinauf und biegen vor dem Haus Nummer 20 links ab. An der Straßenaufweitung mit Wiese und Obstbäumen drauf nehmen Sie den mittleren Weg geradeaus, welcher niveaugleich am Hang entlangführt. Es geht immer geradeaus. Der Weg führt an Weideflächen entlang. Ein Wegstück wird gelegentlich in diese integriert und Sie müssen dann eine Kuhweide queren. Im Wald handelt es sich um einen verwachsenen Pfad. Sie treffen auf einen Forstweg, dem Sie nach links folgen. Sie erreichen erneut die **T-Kreuzung ❷** (km 6,7), die Sie bereits auf dem Hinweg passiert haben. Dieses Mal gehen Sie nach rechts und laufen ab hier den Weg zurück, auf dem Sie gekommen sind.

㉔ Zur Burgruine Wildenberg bei Amorbach

Tour für sportliche Natur- und Burgenliebhaberinnen und -liebhaber

Diese anspruchsvolle Tour startet in dem historischen Altstädtchen von Amorbach. Direkt hinter den Häusern geht es hinauf mit Blick über die Stadt. Nach einem Abstieg ins Tal bei Kirchzell geht es wieder hinauf und von oben zur Burgruine Wildenberg. Der Rückweg nach Amorbach erfolgt im großen Bogen auf dem Nibelungensteig. Es handelt sich um eine waldreiche Tour, die auch bei sommerlichen Temperaturen gut machbar ist.

Start/Ziel: Amorbach, Bahnhof, GPS N 49°38.754' E 009°13.335'

23,3 km

ca. 6 Std.

889 m/889 m

142-455 m

keine bzw. wechselnde Markierungen, zwischen Kirchzell und der Burgruine umgekehrtes, gelbes T, ab dort auf dem Nibelungensteig

abwechslungsreicher Weg mit vielen weichen und zum Teil schmalen Pfaden

Gasthaus Zum Brandweiher in Beuchen (km 15), Restaurant mit Biergarten Gleis1 in Amorbach (km 23,3) sowie weitere in der Altstadt von Amorbach

Metzgerei mit Automaten (km 0,5), Brennerei (km 15,9)

Rastplätze und Bänke sind immer wieder vorhanden, einzelne werden in der Beschreibung erwähnt wie bei Grohe Männle (km 4,3), an der Burgruine Wildenberg (km 11), auf der Anhöhe zwischen den Feldern kurz vor Beuchen (km 14,5), Dorfplatz Beuchen (km 15,5), Siegfriedhütte (km 18,2)

Freibad in Amorbach nahe dem Start/Ziel

Es handelt sich um eine lange und anspruchsvolle Tour, die ich für Kinder als zu schwierig erachte.

Die Tour lässt sich mit einem Buggy nicht gehen.

Wenn die Länge keine Rolle spielt, ist die Tour für Hunde gut geeignet, da sie überwiegend auf weichen Wegen verläuft.

Mit der Westfrankenbahn erreichen Sie Amorbach von Miltenberg bzw. Walldürn aus alle 40-80 Min.

Sie können am Bahnhof oder nördlich der Gleise auf dem Parkplatz am Freibad in der Dr.F.A.Freundt-Straße parken.

Von der Burg durch das Tal zurück und nicht über den Nibelungensteig lässt sich die Tour abkürzen (auf 17,6 km) und deutlich vereinfachen.

Taschenlampe mitnehmen!

Um in die historische Altstadt zu gelangen, nehmen Sie vor dem Bahnhofsgebäude halb links die Unterführung. Diese führt Sie unter der Bundesstraße hindurch. Dahinter folgen Sie der Straße nach links. Bei nächster Gelegenheit laufen Sie rechts in die Straße Oberes Tor. In Links-rechts-links-Kombination können Sie sich nun durch die Gassen der **Altstadt von Amorbach** treiben lassen. Nicht zu verfehlen ist die Anlage der ehemaligen ✞ Abtei und der später als Schloss umgebauten Gebäude. Dort befindet sich auch das Informationszentrum Bayerischer Odenwald.

i Informationszentrum Bayerischer Odenwald, Schloßplatz 1, 63916 Amorbach, ☏ 093 73/20 05 74, 💻 bayerischer-odenwald.de, Mo-Fr 10:00-16:30, April-Okt auch Sa-So 11:00-16:00

✞ Das Benediktinerkloster wurde bereits im frühen Mittelalter gegründet und ist somit eines der ältesten Klöster östlich des Rheins. Die heute barocke Anlage der **Fürstlichen Abtei** stammt aus dem 18. Jahrhundert. Seit 1803 ist die Abtei Sitz der Fürstenfamilie zu Leiningen. In dem barocken Kleinod finden Musik- und Kulturveranstaltungen statt.

♦ Fürstlichen Abtei, 💻 fuerst-leiningen.de, Mo-Fr 10:00-16:30, April-Okt auch Sa-So 11:00-16:00, Eintritt: € 3. Es werden öffentliche Führungen angeboten: April-Nov um 11:00 und 15:00, € 7.

Am Platz gibt es eine Metzgerei mit einem Verkaufsautomaten, wo Sie rund um die Uhr lokale Produkte erhalten.

Metzgerei Hauck, Schmiedsgasse 48-52, ☏ 093 73/13 02, 💻 metzger-meines-vertrauens.de, Mo-Fr 6:00-18:00, Sa 6:30-12:30, rund um die Uhr am Automaten

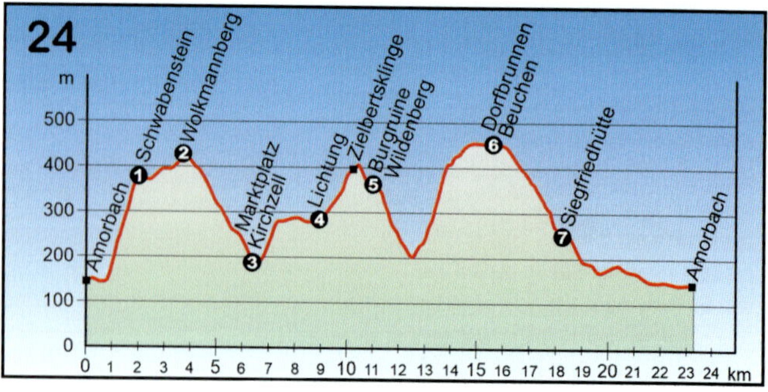

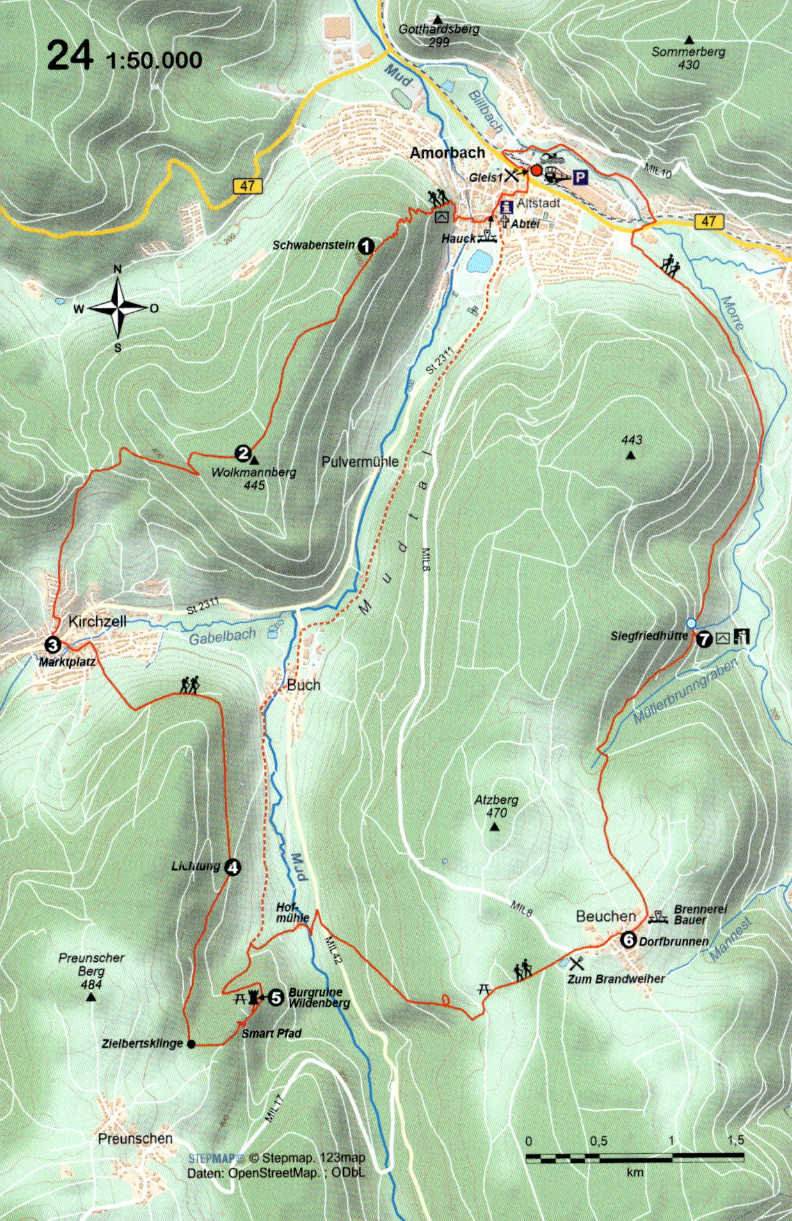
24 1:50.000
Gotthardsberg
299
Sommerberg
430
Mud
Billbach
Amorbach
47
Gleis1
P
MIL10
Altstadt
Abtei
Hauck
Schwabenstein
N
W
O
S
St 2311
Wolkmannberg
445
Pulvermühle
443
Mudtal
MIL8
Kirchzell
St 2311
Gabelbach
Marktplatz
Buch
Siegfriedhütte
Müllerbrunngraben
Atzberg
470
Lichtung
Mud
Hof-
mühle
MIL42
Beuchen
Brennerei
Bauer
Dorfbrunnen
Mannest
Zum Brandweiher
Preunscher
Berg
484
Burgruine
Wildenberg
Smart Pfad
Zielbertsklinge
MIL17
Preunschen
STEPMAP © Stepmap. 123map
Daten: OpenStreetMap. ; ODbL
0
0,5
1
1,5
km

Links von der Metzgerei nehmen Sie die Hintere Gasse, um an den Bachlauf der Mud zu kommen. Eine Brücke führt in die Wolkmannstraße, an deren Ende Sie auf dem Fußweg hinter der Pension den Hang hinaufsteigen. Der Schwabenstein ist bereits ausgeschildert. Der Weg ist mit einer Nummer 6 markiert. Nach wenigen Metern haben Sie einen herrlichen Blick über die Altstadt.

Hinter der Schutzhütte queren Sie einen Waldweg. Dort steht ein Sendemast, den Sie links umrunden. Sie steigen weiter Richtung Schwabenstein hinauf und queren einen weiteren Waldweg. Sie biegen erst auf den dritten Waldweg links ein und folgen diesem wenige Meter, um dann rechts vom Weg zum **Schwabenstein** ❶ (km 2) zu gelangen.

Sie gehen zurück auf den Waldweg, dem Sie weiter folgen. Er führt nun niveaugleich bis leicht ansteigend über den Bergrücken Richtung Südwesten und mündet in eine größere Forststraße, der Sie nach links folgen. Bei nächster Gelegenheit nehmen Sie den Weg halb rechts, der weiterhin mit der Nummer 6 markiert ist.

Nach einem guten Kilometer biegt der Weg mit der Nummer 6 am Hochstand rechts in einen versteckten Pfad ab und führt nach Amorbach zurück. Sie laufen hier geradeaus weiter. Der Weg macht eine Rechtskurve, an der ein weiterer Hochstand steht. Hier haben Sie die nächste Anhöhe, den Wolkmannberg ❷ (km 3,7), erreicht. Der Weg beschreibt eine Linkskurve. An der Kreuzung dahinter steht eine Bank mit der Geschichte des Grohe Männle (km 4,3). Ihr Weg führt rechts hinab Richtung Kirchzell, dessen Häuser Sie bereits sehen. Abzweigende Wege bleiben unbeachtet.

An der nächsten Kreuzung geht es weiter links bergab auf einem Asphaltsträßchen. Sie haben einen schönen Blick ins Tal. Schließlich erreichen Sie die ersten Häuser von Kirchzell und folgen der Straße nach unten in den Ort. Auf der gegenüberliegenden Seite sehen Sie schon den Weg, der Sie später wieder hinaufführt. Im Ortskern halten Sie sich vor der Sackgasse links und biegen gleich wieder rechts ab. Nach 100 m führt zwischen den Häusern eine Treppe hinunter. Sie gelangen zu dem schönen kleinen **Marktplatz von Kirchzell** mit Brunnen ❸ (km 6,4). Gegenüber auf der anderen Straßenseite befindet sich die Kirche.

Links von der Kirche nehmen Sie die Bachgasse. Sie folgen nun dem Weg mit dem umgedrehtem gelben T als Markierung, der von Heppenheim nach Tauberbischofsheim führt und Sie bis Beuchen begleitet. Die Straße macht einen Linksknick. Bei der zweiten Gelegenheit biegen Sie rechts in die Flurstraße ab. Diese führt Sie hinauf zum Waldrand. Nach dem sportlichen Anstieg durch die Weiden geht es links und dann im großen Rechtsbogen in das Mudtal zurück. Zunächst verläuft der Weg niveaugleich, bevor er dann wieder kontinuierlich ansteigt. Sie gelangen zu einer kleinen Lichtung ❹ (km 9). Ein weiteres Mal führt der Weg sportlich hinauf, um den Bachlauf in der Zeibertsklinge oberhalb queren zu können. Dann treffen Sie auf den **Nibelungensteig** mit der Markierung ✎ rotes N auf weißem Grund, dem Sie nach links zur Burgruine Wildenberg und weiter bis nach Amorbach zurück folgen.

Zunächst gelangen Sie zu den **Glasa-Felsen**. In die natürliche Felsformation wurde ein fensterloser Raum eingearbeitet.

☺ Halten Sie eine Taschenlampe bereit.

Glasa-Felsen

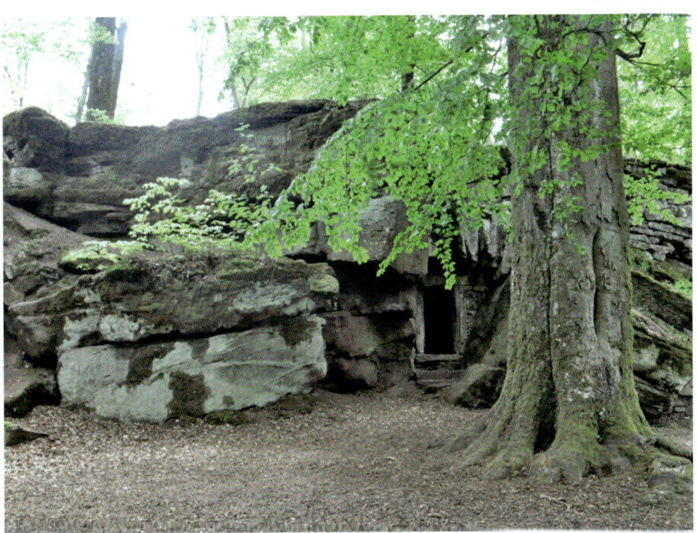

Dann treffen Sie auf eine Station des **Erlebnispfads** Smart Pfad Odenwald. Spielerisch lassen sich auf dem Baumhaus Informationen zum Wald erkunden.

☺ Der Smart Pfad Odenwald verläuft auf 15 km zwischen Mudau und Amorbach. Er bietet sechs Erlebnisstationen und 45 Exponate zum Tüfteln und Erforschen an. Diese richten sich vorrangig an Kinder. Sie machen Naturwissenschaften und Technik erlebbar. Auf dieser Wanderung kommen Sie an den Stationen zum Wald, zu Kriech- und Krabbeltieren sowie zum Wasser vorbei. Weitere Informationen: 💻 smart-pfad.de

Die **Burgruine Wildenberg** 5 (km 11) befindet sich wenige Meter unterhalb der Erlebnisstation. Bänke und Stufen laden zum Verweilen ein.

Bei der Burg Wildenberg handelt sich um eine imposante Ruine aus der Zeit der Staufer, bei der sich die Raumfolge noch sehr gut erleben lässt. Es wurden nur wenige bauliche Änderungen vorgenommen. Bemerkenswert sind die detailliert bearbeiteten Fensterarkaden. Es gibt ein zugängliches Kellergewölbe. Auch hierfür lohnt es sich, eine Taschenlampe bereitzuhalten. Die Burgruine ist jederzeit zugänglich.

Beim Verlassen der Burg folgen Sie dem Weg links hinab. Der Nibelungensteig ist gemeinsam mit weiteren Wanderwegen ausgeschildert. Einige Wege biegen alsbald scharf rechts ab. Ihr Weg führt Sie geradeaus über eine Schotterpiste und dann wieder rechts hinab. Sie gelangen zum Parkplatz Burg Wildenberg. Hier befindet sich eine weitere **Erlebnisstation** des Smart Pfads zu Kriech- und Krabbeltieren (☞ eben).

Sie folgen hier nicht der Straße mit Blick ins Tal, sondern biegen rechts ab.

Sind Sie bereit für den nächsten Anstieg? Auf den nächsten gut 2,5 km geht nochmal 250 m hinauf. Alternativ können Sie der Straße ins Tal folgen und am Bachlauf der Mud nach Amorbach hinablaufen. Der Weg ist als Wanderweg mit der roten Raute ausgewiesen. Später ab Buch wird er auf der östlichen Talseite oberhalb der Straße geführt. 5,5 km bis Amorbach anstelle von 11,2 km

Der Weg führt hinab zur Hofmühle an der Mud. Dahinter gelangen Sie zu einer Straße, der Sie knapp 100 m nach rechts folgen müssen. Aufgrund der Innenkurve würde ich ausnahmsweise mit der Fahrtrichtung laufen und erst nach der Kurve queren. Nun steigen Sie wieder die andere Talseite hinauf. Durch den Wald geht es steil bergauf. Nach 200 Höhenmetern entdecken Sie ein Hinweisschild. Neugierige so wie ich können einen kurzen Abstecher nach links in den Wald machen.

Kurz danach erreichen Sie den Waldrand und sind fast oben angekommen. Sie laufen zunächst ein Stück nach rechts am Feldrand entlang, bevor Sie nach links abbiegen und die Felder queren. Sie treffen auf eine Straße, der Sie nach links folgen. Auf der Bergkuppe zwischen den Feldern gibt es einen Rastplatz (km 14,5), auf den Sie direkt zulaufen.

Der Weg führt an den Waldrand entlang und bald darauf sehen Sie die ersten Häuser von Beuchen, Ortsteil von Amorbach. Rechts befindet sich ein Gasthaus mit Pension.

Gasthaus und Pension Zum Brandweiher, Beuchen 6, 63916 Amorbach, ☎ 093 73/17 22, d.duerr@freenet.de, amorbach-pension-brandweiher.de, Mi-Mo 11:30-14:00, 17:30-21:00, Odenwälder Spezialitäten und thailändische Küche

Der Hauptstraße durch den Ort weiter folgend erreichen Sie den Dorfbrunnen von Beuchen ❻ (km 15,5) mit Rastplatz und Spielplatz. Hier verlässt Sie der Weg mit der Markierung des gelben umgekehrten Ts. Sie gehen links auf der Hauptstraße weiter und folgen weiter dem Nibelungensteig. Das letzte Haus am Weg beherbergt eine Brennerei.

Brennerei Bauer, Beuchen 70-72, 63916 Amorbach, ☎ 093 73/17 16, info@bauers-wildsau.de, bauers-wildsau.de, mit Online-Verkauf

Hier biegen Sie halb links ab und lassen auch die anderen rechts abzweigenden Wege zunächst unbeachtet. Es geht leicht bergab und Sie laufen durch einen baumbestandenen Hohlweg. Nach wenigen Metern biegen Sie rechts in den Wald ab. Ein schmaler Pfad führt Sie hinunter. Sie treffen auf eine Forststraße, der Sie nach links folgen.

Nach der Kurve geht es direkt rechts auf einen kleinen Pfad talwärts.

Sie queren zwei weitere Forststraßen, bis Sie unten am Waldrand ankommen. Rechts unterhalb der Forststraße befindet sich die **Siegfriedhütte** ❼ (km 18,2) – ein schöner Rastplatz mit Aussicht über das Tal. Von der Hütte gehen Sie zurück und gelangen geradeaus zur **Zittenfelder Quelle**, einem weiteren Kandidaten für den Siegfriedbrunnen. Nach wenigen Metern verlassen Sie die Forststraße und folgen dem Pfad rechts unterhalb an den Weiden unter Obstbäumen entlang. Am Hang entlang laufen Sie im großen Bogen nach Amorbach und blicken zunächst auf den Ort Schneeberg.

Schließlich treffen Sie zwischen Friedhof und Tankstelle auf eine Bundesstraße. Sie laufen einige Meter nach rechts und queren die Bundesstraße. Hinter dem Flusslauf der Mud biegen Sie links ab. Auf dem Weg an den Kleingärten entlang erreichen Sie den **Bürgerpark mit Kneippbecken** (km 22,5). Sie folgen links dem Parkweg.

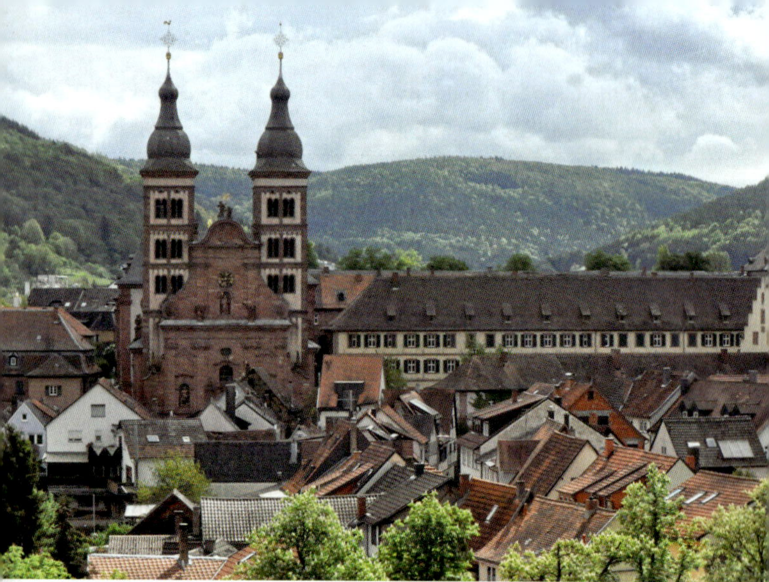

Amorbach

Es gibt eine weitere Station des **Erlebnispfads** Smart Pfad, die dem Wasser gewidmet ist (☞ S. 157).

Am Ende des Parks nehmen Sie die Fußgängerbrücke zur anderen Uferseite der Mud. Sie gelangen auf einen Stellplatz. Links befindet sich das Freibad von Amorbach.

Freibad Amorbach, Dr.F.A.Freundt-Straße 1, 63916 Amorbach, ☏ 093 73/20 01 98, freibad-amorbach.de, Juli-Sep 9:00-20:00, bei schlechtem Wetter 9:00-11:00 und 17:00-20:00, Eintritt: € 3,60, ermäßigt € 1,80

Sie queren den Parkplatz diagonal nach rechts, um mit der Straße die Gleise zu überqueren. Dahinter laufen Sie links zum Bahnhof. Im Bahnhofsgebäude ist eine schöne Lokalität mit Biergarten.

Gleis1 Amorbach, Am Bahnhof 1, 63916 Amorbach, ☏ 093 73/206 42 67, post@gleis1-amorbach.de, gleis1-amorbach.de, Sa-So 17:00-21:00, So 11:00-15:00, regionale Speisen weltoffen interpretiert sowie Faust-Bier und Frankenweine im Angebot